OSTSEEATEM

Alexander Peer

edition
innsalz

Alexander Peer / Erwin Uhrmann
OSTSEEATEM

herausgegeben von:
Wolfgang Maxlmoser

(c) edition innsalz Verlags GmbH
A- 5252 Aspach, Pfarrgrund 3
Austria
Telefon: ++43/664/3382412
Fax: ++43/7755/7258-4
Homepage: www.edition-innsalz.at
E-mail: edition.innsalz@ivnet.co.at

ISBN 3 - 901535 - 97 - 7

1. Auflage 2004
Layout: W. Ströher
Titelfoto: A. Peer

Mit freundlicher Unterstützung von
.KUNST bundeskanzleramt
Kultur Land Salzburg

Alexander Peer / Erwin Uhrmann
OSTSEEATEM

Nr.: 482

Inhalt

Alexander Peer

Über die Neigung sich in der Ferne zu verlieben

Journal einer Reise ins Baltikum

6. Oktober - Nachmittag

Eine ganze Nacht lang habe ich eine Reise durch die Nacht gemacht, in einem bequemen und wohltemperierten Abteil des Zuges von Warschau nach Vilnius.
Ich habe auf die dunkle Fensterscheibe geblickt und die Landschaft hinter ihr entworfen. Ich war die Sonne und der Schatten, der Wald und die freie Sicht, das LKW-Brummen auf der Straße, die Ruhe im Niemandsland und das Niemandsland selbst, ein Junge, der zu spät in die Schule kam, ein Haus, das von einer Stadt überwuchert wurde, dann war ich der Horizont am Ende einer endlosen Wiese ... und schließlich ein Schuldschein, den niemand einzulösen vermochte. Ich war das Versprechen, dass das Leben schön sei, aber keiner nahm sich dafür Zeit; jeder ging achtlos an mir vorüber.

Jetzt sitze ich in einem litauischen Restaurant und spüre die Schwere meines Bauches, die dem Genuss eines Beefsteaks anzulasten ist. Gestern saß ich in einem irischen Pub, in dem nur polnisch gesprochen wurde, bald werde ich in Kaunas mit einer Frau englisch gesprochen und dabei in meinem Chop Suey herumgestochert haben.

6. Oktober - Abend

Mit der Entfernung von der Alltag stiftenden Umgebung gewinne ich an Zuversicht, denke, dass manches möglich ist, was mir vor kurzem unmachbar schien. Ich spreche also von der Usance des Reisens; der Unvermeidbarkeit der Veränderung. Der Stress, den ich noch vor zwei Tagen mit dem Verfassen eines Artikels über die Kulturgeschichte des Spielens hatte, ist mir nicht mehr nachvollziehbar, all die vergangenen Wochen, in denen es galt, ein größeres Projekt abzuschließen, sind wie abgeschnitten von mir. Aber es stimmt, erst jetzt, durch diese Distanz wird mir klar, dass mir für gut zwei Monate Entfaltung nur im Zusammenhang mit der täglichen Zeitung möglich war.
Ich trinke ein etwas säuerliches Bier, draußen prasselt der Regen auf das Kopfsteinpflaster, eine undurchdringliche Nebeldecke ist schon den ganzen Tag über der 600.000 Einwohner zählenden Stadt gelegen. Trotz dieser widrigen Witterung sitze ich hier äußerst gut gelaunt. Allein dadurch, anderswo zu sein, fühle ich mich entgrenzt; mit bloß einem fremden Wort, einer Umgebung, die kein abgenütztes Motiv aufweist, und mir unvertrauten Gesten wird die Gewohnheit außer Kraft gesetzt und dadurch verschwindet das Gewöhnliche; an seine Stelle tritt das Gewöhnliche des Fremden.

7. Oktober - Nachmittag

Gedimino Prospektas: Ich habe ein Gesicht gesehen. Es war wunderschön.
Als Kind hatte ich jene Floskel im Kopf, die einem

klerikalen Kopf entstammt sein muss, nämlich „jetzt büßt du deine Sünden ab“, womit gemeint war, dass ein starker Schmerz oder Schicksalsschlag mir nun endlich das Rückgrat brechen und mich kleingläubig machen würde – der Kniefall vor einem Gott, den man weder enttäuschen noch hintergehen darf.
Aber es verhält sich genau umgekehrt, nicht in einem kränkenden, ja vernichtenden Moment werde ich klein, nicht die Peitsche des Schicksals ruft mir meine Fehler oder Unterlassungen ins Gedächtnis, sondern die reinste Freude. In einem Augenblick vollkommener Schönheit weine ich wegen der schlimmen Dinge, die sich zwischen mir und anderen ereignet haben.

8. Oktober - Vormittag

Ich weine jetzt nicht, obwohl es zum Heulen ist, das Wetter. Ich bin verärgert über den richtigen Ort zur falschen Zeit, aber vielleicht ist das für mich auch der richtige Ort und die richtige Zeit, die richtige Falschheit sozusagen. Tage des Regens und der bescheidener werdenden Temperaturen, bis in den blauen Bereich sind sie nun gelangt. Hier in Litauen finden Reisende schon in der herbstlichen Jahreszeit einen allmächtigen Winter vor. Aber so unterschiedlich wie für Bewohner aus Murmansk Petersburg die Alternative zum Erfrieren ist oder für Petersburger Vilnius ein paar beinahe milde Tage bietet oder für eine Frau aus Vilnius ein Oktobertag am Ring in Wien sogar das Tragen eines Minirocks zulässt und für einen Wiener wiederum die Suche nach der Weite, ergo Wärme in ein Rom-Wochenende mündet ... so unterschiedlich sieht für die Menschen der Süden aus;

nur ich wollte wieder einmal gegen den Strom schwimmen, der hier schon fast zu Eis erstarrt.

Ich beginne meinen Aufenthalt auf Kaffeehausbesuche zu beschränken. Eine Sprache umgibt mich, die konsequent unverständlicher zu werden scheint, hüllt mich ein, macht mich mir selbst fremd. Ich denke nicht mehr, aber Meditation kann ich das andauernde In-den-Regen-Starren auch nicht nennen.
Ich wohne in einem zugigen Youth-Hostel-Zimmer. Sogar meine Mütze musste ich aufsetzen in der Nacht, um den kalten Luftzug von meinen Ohren abzuhalten, die Wände sind so dünn, dass man sogar die Stummen sprechen hört (ein Ausflug einer Gruppe von Behinderten). Tatsächlich sind sie nicht stumm, sondern nur taub, beim Gestikulieren geben sie vereinzelt unnachahmliche Laute von sich; es fällt mir schwer, in solchen Situationen „political correct" zu bleiben; wie einfach es ist, verschämt zu sein. In die Atmosphäre des Fremden dringt das Vertraute, es gibt keinen Ort, an welchem man nicht vor Situationen gestellt wird, die einen überfordern.

8. Oktober – Nachmittag

Ich habe ein Interview mit dem Radiodirektor des Nationalradios geführt. Gegenstand war die Situation der Medien im Baltikum, ich plane einen Artikel darüber zu schreiben. Ich beginne aufzutauen, eine neue Antriebskraft erfasst mich und ich erfasse die Stadt. Noch immer bin ich in Vilnius, ich streife umher und dabei verflüchtigt sich mein Vorhaben, ich gehe ziellos und komme in der Trance an. Die Stadt ist eine unbekannte Frau, bei jeder Ecke drehe ich mich um nach ihr; ein flüchtiges Abenteuer. Ich stecke den Stadtplan weg, flaniere.

8. Oktober – Nacht

Bin in einem Tanzlokal gewesen und habe eine Frau kennen gelernt. Ob das, worüber wir sprachen, dem entsprach, was wir meinten, bezweifle ich, aber es stört mich nicht, es tat der guten Stimmung keinen Schaden an. Ich sprach englisch, vermutlich brauchbar, sie behauptete, sie verstehe Englisch, aber ich bin mir nicht sicher, es gab so viele Verwechslungen. Gerade das machte die Begegnung reizvoll. Sie war enorm energiegeladen, beinah gefährlich. Ich habe Lina zum Abschied gewunken, als würde sie für lange Zeit verreisen. An ihren schwarzen Haarspitzen bildeten sich Stalaktiten; oder bildete ich mir das nur ein?

9. Oktober – Morgen

Ich weiß, ich erzähle von einer Verhinderung oder von einem Doch-nicht-Bereit-Sein. Oder von dem Warten auf etwas anderes, das sich immer als Warten auf etwas Besseres einnistet. Das Geheimnis des Reisens ist die Ungebundenheit. Wir, mein Reisebegleiter und ich, fahren nach Kaunas. Es hat nun tatsächlich zu schneien begonnen.

9. Oktober – Abend

Das B&B ist herzeigbar, die Heizung ist eingeschaltet, sie funktioniert sogar. Die Kälte überrascht auch die, die sie gewohnt sind. Eine Nuklearphysikerin erklärt uns: It's fucking cold. Wir sprechen über Ignalina und die Atomkraft. Mein Kühlsystem wird deaktiviert, ich verliere die Distanz. Ekaterina trägt breitrandige Brillen und es wölben sich ihre Brüste im dicken Schafwollpullover. Unvermittelt muss sie weg zu einem Rendezvous. Schade. Sie sprach fließend englisch, ich war derjenige, der immer wieder nach Worten suchte, die es bestimmt gab (anders als im Deutschen, wo es sie nicht gibt und man mit den Platzhaltern auskommen muss). Ekaterinas Vater war ein in Westeuropa arbeitender Litauer und ihre Mutter war Engländerin. Warum ihre Mutter denn in die Sowjetunion gekommen sei und nicht etwa er in den Westen gegangen war, wollten wir wissen? Da fiel Ekaterina erstmals auf, dass sie das die beiden nie gefragt, ja nicht einmal daran gedacht hatte. Das verstörte uns, die wir so viele Fragen an unsere Eltern richteten, auch wenn diese sie nie zu hören bekommen hatten. Warum ging damals jemand in den Osten, fragte ich meinen Begleiter? Freiwillig, meine ich. Wer tut schon was freiwillig, antwortete mein Reisekamerad. Er hat Recht.

10. Oktober – Vormittag

Zum ersten Mal während dieser Reise denke ich an Scott, an Robert Falcon, um genau zu sein. Meine Finger frieren trotz der Handschuhe, die meisten gehen ohne Kopfbedeckung an mir vorbei. Das ist wirklich eine andere Kultur. Wie kann ein Mensch hier einen Januar oder Februar überstehen? Gibt es hier Winterschläfer, die Mitte Dezember die Daunendecken über ihren erkaltenden Körper streifen und den Wecker auf – sagen wir – 15. März einstellen?

Ein ganz normaler Wochentag: In der Mitte des

Nemunas, eines der beiden Kaunas-Flüsse, steht ein Fischer. Wirklich. Steht in der Mitte des Flusses, links und rechts fahren dicke Schiffe vorbei; schloten und rußen gehörig, Ölspuren markieren ihren Weg.
Ob der Mann beim Fischen Glück hat? Wer weiß schon, worauf er aus ist.

10. Oktober – Abend

Wir sind in Klaipéda angekommen, einer Hafenstadt mit angeblich 200.000 Einwohnern. Eine Frau führt uns vom Busbahnhof bis vor die Haustüre unserer Herberge (ich frage mich die ganze Zeit, was sie eigentlich will, und bin überrascht, als sie sich einfach so verabschiedet).
Die Innenstadt bringt es auf fünf beachtenswerte Straßen. Wir kommen an einem russischen Nachtlokal vorbei, eine schmutzige Neonreklame will die Passanten zum Eintritt animieren und bewirkt bei uns das Gegenteil. Zwei Mädchen mit knappem Rock (-1° C!) gehen an mir vorbei, hinein in ihre kalte Zukunft, ich schätze die beiden auf 17 oder so. Beim Blick in das Innere frage ich mich, ob hier gerade ein Kaurismäki-Film gedreht wird. Die Wirklichkeit sticht das Klischee aus. Die Bardame ist sicher noch mehr als das, auf einer Couch räkeln sich breitbeinig zwei Männer mit russischem Einschlag. Jeder trägt einen Anzug und ein ebenso maßgeschneidertes Grinsen, vielleicht meine ich gerade daran zu erkennen, dass sie für das Morden fähig sind. Es gibt Formen des Gewissens, die einen nicht davon abhalten, jemand zu töten, sondern geradezu dazu auffordern. Blutrache? Etwas abseits sitzt eine korpulente Frau auf dem Schoß eines Mannes. Auch ihn kennen zu lernen könnte zum

Verhängnis werden. Nicht alle Vorurteile sind von der Hand zu weisen, aber natürlich weiß ich, dass Beobachten vor allem darin besteht wahrzunehmen, was man eben nicht zu sehen erwartet.
Wir landen schließlich in einem Café Europa (wollen wir hoffen, dass es nie das Sinnbild unseres Kontinents wird) und möchten gleich wieder abheben, aber es reicht nur zu einem Bier und einem Gespräch über Familienaufstellung, Psychologie und alles nur wegen der eigenen Beziehungsfähigkeit. Unsere Gesprächigkeit verhindert, dass wir mit jemand ins Gespräch kommen könnten. Es hat den Anschein, als hätte der Herr hinter mir Europa noch nie verlassen; ich meine das Café.

11. Oktober – Vormittag

Unsere Hauswirtin spricht den reinsten bundesdeutschen Akzent, war aber nie jenseits von Litauen. Unsere Frage nach der Herkunft ihrer Eltern kann sie nicht beantworten, aber vielleicht will sie nur ausweichen. Ihr Mann hingegen kann kein Wort Deutsch, im 2. Weltkrieg haben ihm die Deutschen dennoch ein Gewehr in die Hand gedrückt. Fast wenige Minuten, nachdem er das der Sowjets aus eben dieser Hand gelegt hat.
Beim Frühstück werden wir mit Höflichkeit belästigt, alle fünf Minuten fragt sie uns, ob alles passt. Der Tourismus hier ist vom österreichischen Niveau und dem Talent des Neppens noch weit entfernt. Wir fahren auf die Kurische Nehrung, sehen die Schiffe am Horizont verschwinden.

11. Oktober – Spätnachmittag

Wir haben ein Meeresmuseum besucht, in welchem Fische in so winzigen Aquarien gehalten wurden, dass man sie wegen ihrer Unfähigkeit Selbstmord zu begehen bedauerte.
Der Bus bringt uns nach Latvia, nach Liepaja (120.000 von Sehnsucht Getriebene). In Liepaja ist das Zentrum bloß ein Auftakt für etwas, das hier nie stattfinden wird. In einem vor kurzem eröffneten Lokal singt eine Frau und ihr Begleiter bedient die Hammond-Orgel. Hier bekommt man Aggressionen. Vielleicht ist das der geheime Sinn dieser Kultur? Ein durch und durch subversiver Akt? Die Sängerin geht während des Singens zur Bar (das Mikrofon ist durch eine Befestigung mit einem Kopfhörer direkt vor ihrem Mund angebracht, ihre Hände sind frei), sie schaltet das Mikro kurz aus, bestellt ein Bier, dann kommt der Refrain.

12. Oktober – Abend

Kuldiga ist eine Stadt, der 200 Jahre technologischer und wirtschaftlicher Fortschritt nichts anhaben konnten, weil dieser hier nicht vorbeigekommen ist. Wieder ein Ort, der für sich beanspruchen könnte, das Ende der Welt zu sein oder ein neuer Anfang. Die Stadt ist leer. Ich meine wirklich leer, auf der Hauptstraße ist uns niemand begegnet. Es ist Sonntag. Tatsächlich sollen 15.000 Menschen hier leben. Hier sagen sich Fuchs und Hase nicht Gute Nacht, sondern sie legen ihre Ersparnisse zusammen und kaufen sich Bustickets nach Riga.

Die Fassaden überzeugen mich, die Kulissenschieber haben wohl ganze Arbeit geleistet. Die Häuser sind fast alle aus Holz und nur aus wenigen kommt Licht. Inmitten dieser Einöde findet sich ein optisch einladendes Restaurant, das aber durch den eingeschalteten Fernseher akustisch auslädt (deutsche Privatsender, denen keine Tundra zu entlegen ist). Wir gehen zurück zur Unterkunft, setzen uns ins angrenzende Restaurant. Es ist Zeit für harte Getränke. Das Bewusstsein zu trüben ist manchmal die einzige Chance, ins Reine zu kommen. Wir sprechen mit der Kellnerin über ihre Perspektiven. Sie hat einen Freund und ein kleines Häuschen nördlich von Ventspils, in das sie einmal ziehen will, sie verbringt hier sieben Tage hintereinander, jeweils von 7 bis 23 Uhr, dann hat sie eine Woche frei, die sie zur Fortbildung nutzt. Ich wünsche ihr alles Gute und ärgere mich über das mitleidige Gefühl, das sich in mir festbeißt.

13. Oktober – Nachmittag

Nun – in Riga – finden sich alle Voraussetzungen, um ein kompromissloser Trinker zu werden. Wir wohnen im „Balta Kaza“, einem Ostblock-Gebäude. Nicht einmal der Umstand, dass hier offenbar gleichzeitig ein Mädchenpensionat untergebracht ist, kann uns in Stimmung bringen. Es schneit unentwegt. Ich habe drei Pullover an und frage nach einem Kleidergeschäft, um mir einen vierten zu besorgen.

Ich war in drei Stunden in vier Pubs. Schönes Interieur, beeindruckende Stuckaturen, großzügige Sitz-, ja Liegeflächen, feine Zapfhähne, eine nette Vitrine und das gelblich trübe Licht, das schon am Vormittag das Ende des Tages stimuliert. Ja, ich bin ein Kulturtourist.

14. Oktober - Nacht

Außerhalb der Altstadt fängt das Riga an, das schon gar keinen Grund darstellt, in Riga bleiben zu wollen. Ich habe mich heute durch eine Markthalle geschlängelt. Manche bieten ihre gebrauchten Schuheinlagen an, um ihr ohnehin nicht vorhandenes Einkommen aufzubessern. Meine Sorgen möchte ich behalten. Ich gehe mit respektvollem Nicken an allen vorbei, die denken vielleicht, dass ich spinne; ich weiß, ich könnte so nicht leben. Vielleicht hat der eine oder andere sich das einst auch nicht vorstellen können; wenn es dann so weit kommt, hört sich das Fragen ohnedies auf.

Eine besondere Qualität hat der Augenblick, in welchem jemand vorbei geht und ein kurzer Blickkontakt entsteht, für diese knappe Zeitspanne wirft man nicht nur einen Blick in das fremde Gesicht, sondern auch in das fremde Leben, ein Spiel von Möglichkeiten tut sich auf. Oder von wenigen, verpassten Chancen ...

Dennoch kann ich es nicht nachvollziehen, wie man hier leben kann, mit sechs Monaten Winter, mit einer Tristesse als Grundbedingung, die durch noch tristere Ablenkungsstrategien (Spielhallen, Casino etc.) erst recht bewusst wird. Um diese Lebensform kennen zu lernen, müsste ich hier bleiben, aber da ich meine Lebensform kenne und schätze, werde ich das sicher unterlassen. Freilich stimmt das in dieser Reduktion nicht, auch hier glauben die Menschen an die Liebe, also wo liegt der Unterschied? Noch dazu herrscht hier ebenfalls Marktwirtschaft, wenngleich liberaler. Also. Nun, ich fühle mich hier anders fremd, als ich mich in der Heimat fremd fühle.

15. Oktober - Morgen

Auf Toiletteanlagen findet einer Vertrautes, so fremd auch alles sein mag. Rituale des Urinierens haben sich sozusagen kollektiv ausgeprägt, vermitteln eine Zugehörigkeit. Einer, der reinrauscht bei der Tür und stämmig beim Pissoir steht, ein anderer, der sich ins Eck verkriecht, und es gibt immer einen, der auch zum Urinieren das geschlossene Abteil bevorzugt. Dann gibt es welche, die noch prüfend in den Spiegel blicken, bevor sie sich erneut in die Öffentlichkeit begeben (als wäre das WC keine), andere, die sich Wasser auf die Haare träufeln und wieder andere, die nie die Hände waschen. Später gibt es einen, dann mehrere Angetrunkene, die zielsicher ihr Ziel verfehlen. Zur Sperrstunde ist die Toilette eine Kloake. In Lettland (auch in Litauen) gehen den ganzen Abend Putzfrauen durch die Lokalräume und wischen auf; an den Toiletten sieht man, welch vergebliches Unterfangen das Putzen an sich darstellt. Nicht nur die Toiletteanlagen werden jedoch geputzt, sie schrubben auch den Boden der Tanzfläche. Völlig unbeeindruckt von den gerade stattfindenden Tanzsalven, die über die Bretter hinwegfegen, nimmt die Putzfrau ihren Lappen, wischt über alle hinweg. Bei dieser Beobachtung fühle ich mich zum ersten Mal so, als wäre ich in einem fremden Land.

15. Oktober - Nachmittag

Es fällt mir schwer, mich in diesem Leben einzurichten, das heißt, die Tatsache der eigenen Sterblichkeit hinzunehmen ... anzunehmen. Doch lasse ich diesen Übergang zu ... das Geläufige im Äußeren und Inneren zu verlassen und die Öffnung hin zum Unbekannten. Jeder Blick fängt Ungeschautes auf, jede Straße hat einen fremden Namen und man hört einer mal seltsamen, mal magischen Sprache zu. Die ganze innere Karte eines Ortes muss erst entworfen werden und ich baue diesen Ort in kürzester Zeit in mir aus. Inszeniere Begegnungen, wo keine stattfinden, werfe Menschen ins Getümmel, die einem ungeschriebenen Stück entstammen.

Dieses Überschreiten des vertrauten Feldes verstärkt auch das Bewusstsein dafür, dass dieses Leben eine Art all-inclusive Urlaub ist ... Urlaub vom Nichts. Vergeblich krame ich in meinen Unterlagen nach dem Personalausweis, der mir verbindlich meine Identität bestätigt; unklar verläuft die Grenze zwischen Außenwelt und Innenwelt, unbeständig verhält sich die Gewohnheit ... zuweilen erlebe ich eine Geborgenheit und hoffe darauf, dass sie selbstverständlich wird.

Vielleicht ist die Neigung, sich in der Fremde zu verlieben, deshalb vorhanden, weil es klar ist, dass die Begegnung keine Zukunft haben kann. Die Konzentration auf eine kurze Zeitspanne ist der Reiz, die Gewohnheit wird bereits vor Spielbeginn des Feldes verwiesen ... aus Angst vor der Dauer, vor der Bindung, auch aus Angst vor der Verwirklichbarkeit und damit Hinterfragbarkeit der Wünsche, müssen Bedingungen her, bei denen man sicher sein kann, dass es nicht ernst wird mit dem Glück.

Ich habe mich in die Ungebundenheit verliebt, das Nicht-Sesshaft-Sein hat gute Chancen, mit mir vor den Traualtar zu schreiten. Treu sein kann ich nur in der Bewegung, nicht im Stillstehen.

16. Oktober – Nachmittag

Die Landschaft ist karg, kaum ein Stück Wiese scheint von Menschen genutzt. Holprig sind die Straßen, die mich von Riga nach Vilnius bringen sollen, ich lasse Lettland und meinen Begleiter zurück ... ihn bringen ganz andere Temperaturen zum Umkehren. Es regnet. In Häuserschluchten Flüchtende, sich in Decken Versteckende oder Versuche, sich mit Zeitungen zu verhüllen. Rechtzeitig umzukehren hätte auch Scott gut getan. Dieser Pioniergeist, der die Selbstaufgabe beinhaltet, ist mir mit den Jahren fremder geworden. Es gibt nichts, wofür es sich zu opfern lohnt. Opfern, ein Begriff, der eine falsche Wichtigkeit suggeriert.
Natürlich ist das übertrieben, es besteht ja nicht die Gefahr zu erfrieren, ich brächte bestenfalls eine Lungenentzündung zustande. Trotzdem habe ich den Entschluss gefasst nicht weiter in den Norden vorzustoßen, Tallinn auf ein anderes Jahr zu vertrösten und mir den Blick von Narva nach Russland auf bessere Zeiten aufzuheben. Am Spätnachmittag werde ich wieder in Vilnius sein, übermorgen wird mein Zug nach Wien gehen.

16. Oktober – Nacht

Gintaré hat rotes Haar. Jetzt schläft sie schon. Ich denke an das Zugticket, an die Unmöglichkeit, meinen Aufenthalt zu verlängern, ohne Bargeld, ohne Bankomatkarte, ohne Zivilisationserscheinungen, die ich jetzt umso heftiger herbeisehne, je stärker ich sie bislang verschmähte. Ich saß in einem Tanzclub und schrieb einige Reiseeindrücke nieder, viel habe ich über die leidvolle Geschichte dieser Länder erfahren und arbeitete meinen dabei empfundenen Schmerz ab; ich habe mich durch die Schönheit mancher Gesichter und Gebäude vergewissert, dass das Leben überlebt hat.

Ich trank das säuerliche Bier, Svyturys, das ich mittlerweile schon liebgewonnen hatte, und hörte auf die wohligen Klänge eines Jazztrios. Dann sah ich mehr aus Zufall denn aus der Absicht des bekannten prüfenden Blicks heraus zum Nebentisch hin und erblickte dort eine Frau, die augenblicklich in mir einen Knopf zu betätigen schien, der ein Programm für die Aufgabenstellung „die Frau muss ich kennen lernen“ in Gang setzte. Der erste Teil dieses Programms beinhaltet das Wie. Ich stand, ohne zögerlich zu sein, auf und ging zu ihr, um sie auf ein Getränk einzuladen. Ich habe den unangenehmen Teil, als Ausländer betrachtet und behandelt zu werden, schon erlebt, jetzt aber erlebte ich den angenehmen, aber ebenso wenig angebrachten Teil, denn die Aufmerksamkeit, die sie mir entgegenbrachte, hätte mir als Einheimischem womöglich nicht gegolten.

Nun kamen wir zum Was. Was also reden, tun. Aber plötzlich hörte da ein Programm auf und also ein Nachdenken. Plötzlich fragte ich jemanden, was er tut, wie er lebt und woher er kommt und – wirklich – ich wollte es wissen, augenblicklich, ein Ums-Leben-Reden. Und dann war es wieder da, dieses Leuchten in den Augen, das für so lange Zeit verschollen zu sein schien, das Leuchten

in meinen Augen, wenn andere Augen in diese leuchteten; man müsste wohl Vater nennen mich, wenn es möglich wäre, mit Blicken Kinder zu zeugen.
Wir tanzten und es war schon die Hälfte des Liebesakts. Später irrten wir durch die Stadt, wir konnten nicht zu ihr, da sie nicht allein wohnte, meine Herberge schied aus ästhetischen Gründen aus und ich holte die letzten verbleibenden 100 Euro aus meiner Brieftasche, um sie dem nächsten Rezeptionisten eines Hotels eilig aufzudrängen; rasch der Griff zu einem Kärtchen, auf dem „do not disturb" steht.

17. Oktober – Mittag

Wir haben Hunger, essen aber nichts. Wir versuchen zu reden, schaffen es aber nicht. Ich bin gelähmt und sitze mit Dornröschen in einem Café, ich komme nicht hin zu ihr, um sie aus ihrer Erstarrung wach zu küssen. Wir gehen durch die Stadt, wir wollen uns in Bewegung verlieren und finden uns im Festhalten. Gleichzeitig baut die Skepsis kleine Schutzbunker, was soll denn schon daraus werden? Die Distanzierung versichert sich ihrer Rechtmäßigkeit.

18. Oktober – Nachmittag

Wieder rauschen Felder an mir vorbei und das Gepolter der Geleise ist der Meiselschlag, der mein Herz bearbeitet. Mit jedem Meter wird es kleiner, es soll keine Form herausgeschlagen werden, es soll abgetragen werden. Hier, auf der Strecke von Vilnius nach Warschau, soll es zerstückelt ausgestreut werden. Werden das die Kieselsteine sein, die mich zurückführen?

Ich weiß nichts von Gintaré, vielleicht brauche ich das, nichts zu wissen, vielleicht brauche ich diese letzte Verbindung zu einer Jugend, die sonst für immer verloren wäre. Vielleicht ist es gut, dass sie meine Adresse hat und vielleicht schreibt sie mir. Vielleicht werde ich zurückkommen. Vielleicht bald. Vielleicht sollte ich sie langsam dem Vergessen überantworten (als könnte man seine Hausaufgaben so einfach auf das Pult eines unbekannten Nachbarn legen und hoffen, dass sich dieser der Sache annimmt).
Vielleicht gibt es das, ein Ankommen bei gleichzeitigem Unterwegssein.

Erwin Uhrmann

Die Synchronität der Einsamkeit

Kurzgeschichte

Das war die bisher angenehmste Zeit in meinem Leben, sagte er. Dann zog er seine Zigarette zum Mund. Heute rauche ich eigentlich nicht mehr viel. Nur mehr ab und zu zu einem Kaffee. Und dann streifte er sich die Haare, die ihm über die Ohren gefallen waren, zurück. Er hatte Ringe unter den Augen. Und es war still, man hörte nur das Ziehen an der Zigarette. Und dann das Äschern, das Klimpern der Zigarette gegen den Aschenbecherrand. Ein kleiner blauer Aschenbecher ohne Werbeschriftzug. Dann schüttelte er den Kopf, zupfte sich das grün gestreifte Hemd zurecht und atmete tief die stickige Luft. Wie wir damals immer hier in der Küche gesessen sind. Ich habe die Zeit in diesem Zimmer mit diesen eigenartigen Blumentapeten schon vergessen gehabt. Weißt du noch, wir haben uns nicht vorstellen können, dass wir einmal aus diesem Umfeld ausbrechen, nicht freiwillig.

Er wischte sich mit einem Ärmel über die Augen. Der Zigarettenrauch hatte sie zum Tränen gebracht. Und dann setzte er sich auf. Du hast immer zu den Leuten gehört, die in dieser Hinsicht von Anfang an ehrlich zu sich selbst waren, sagte er in der Bewegung.
Im Grunde weiß man es immer, wahrscheinlich auch schon, wenn man geboren wird, nur, dass da noch nicht die Gehirnregionen, die zur Selbstreflexion nötig sind, so weit ausgebildet sind, nur dass man es sich bewusst machen könnte. Aber sicher, es gibt auch gesellschaftliche Schranken. Was, nein, Bisexualität gibt es nicht. Man ist

hetero, schwul oder lesbisch. Das klingt einfach besser, wenn ich sage, ich will mich nicht so festlegen. In Wirklichkeit schlägt das Pendel in eine Richtung aus, aber diese Leute sind einfach feig.
Er sog tief an seiner Zigarette. Dann setzte er sich wieder aufrecht hin. Immer beim Reden glitt er seitlich vom Sessel. Er fuchtelte mit der Zigarette in der Luft herum, hatte kurzfristig das Gleichgewicht verloren.
Wenn ich da sitze, ist es, als wäre ich nie weg gewesen.

Weg gewesen ist er zwanzig Jahre fast, und weil er gehen hatte müssen. Aber was sind zwanzig Jahre, wenn sie eine Wohnung nicht verändern können. Wenn sie ein ganzes Umfeld, und nicht nur die materiellen Dinge, konservieren.

Vor mehr als zwei Jahrzehnten ist Natascha hier dauernd aus und ein gegangen. Sie war so eine, die sich, wie man so sagt, nicht festlegen wollte. Und sie hatte eine Beziehung mit einem Mann gehabt. Robert kreidete ihr das an, und wenn die beiden zum Streiten aufgelegt waren, ging es immer um dieses Thema. Nataschas Freund war damals nie in der Wohnung gewesen. Sie schien ihn zu verstecken. Aber sie erzählte viel von ihm. Wenn man ihn sah, dann nur bei Einladungen in Nataschas Wohnung.
Robert, Natascha und ich konnten viel gemeinsam unternehmen, ohne dass Nataschas Freund eifersüchtig gewesen wäre, weil er Robert und mich als Homosexuelle wusste. Natascha war auch homosexuell, wenn es nach Roberts Meinung ging.
Wir sind Aphrodites Kinder, hat Robert gesagt.
Vielleicht sind wir damals viel zu viel beisammen

gewesen. Natascha hat immer gesagt, dass es da kein Genug gibt. Robert schien sich darüber keine Gedanken zu machen, und ich hatte manchmal Angst.

Wenn ich in der Dämmerung an kalten Tagen die letzten Meter in der Taborstraße zu unserer kleinen Wohnung ging, wusste ich, dass ich einmal sterben würde, fern von Robert und Natascha und hier.

Nataschas Vater war aus Albanien. Sie selbst hatte ihre halbe Kindheit bei ihren Großeltern in Tirana verbracht. Von dort hatte sie ihre eigenartige Zier, wie sie selbst behauptete. Nataschas Großvater war Stadtbeamter gewesen, mit einem Hang für gespenstische Geschichten. Natascha erzählte immer von Vampiren, wie sie uns das Blut aussaugen, um uns danach in eine apokalyptische Landschaft zu entführen. Ich glaube, dass Natascha heute genau dort ist. Und ich glaube auch, dass sie nie wieder zurück kommen wird.

Natascha hatte auch Verwandte in Estland. Einen Onkel und eine Tante dritten oder vierten Grades.

Sie war mit den beiden in brieflichem Kontakt gewesen, hatte sie aber nie gesehen, obwohl sie einmal nach dem Zusammenbruch des Kommunismus den Entschluss gefasst hatte, dorthin zu fahren. Was aber nie in die Tat umgesetzt wurde.

Der Mann der Tante war ein richtiger Este, hieß Enn und war Nationalist. Während des Umsturzes hatte er Flugzettel für die Volksfront verteilt. Zwischen den Zeilen konnte Natascha immer lesen, dass ihr Onkel auch mit rechts gerichteten Parteien in Mitteleuropa liebäugelte. Weil Natascha ein durch und durch politischer Mensch war, hatte sie Angst vor der Begegnung mit den nationalistischen Verwandten, den Briefkontakt mit ihnen schätzte sie jedoch. Sie verlor sich in langen Selbstgesprächen, halblaut, in denen sie die Situation des Aufeinandertreffens mit verschiedenen Meinungen simulierte. Warum ich das weiß? Natascha hat immer bei uns gebadet. In ihrer Wohnung hatte sie keine Badewanne gehabt. Unser Badezimmer, gleich neben der Küche, war der ideale Ort für sie. Mindestens einmal in der Woche, und im kalten Winter viel öfter, kam sie um zu baden. Manchmal saß ich mit Robert in der Küche und wir redeten dann alle gemeinsam.

Diese Abende gehören zu den heimeligsten Momenten in meinem Leben, an die ich mich erinnern kann.

Manchmal wollte Natascha Selbstgespräche führen. Und es machte ihr nichts aus, wenn wir sie dabei hörten. Sie lag lange in der Badewanne und verwandelte die simulierte Situation in eine Utopie, weil sie bei diesen Gesprächen vollkommen abglitt.

Eigentlich hätte sie diese Selbstgespräche gar nicht geführt, wenn wir ihr den Gefallen getan hätten, ihre estnischen Verwandten zu spielen. Aber Robert weigerte sich.

Als die Bestatter den Sarg mit Natascha aus der Einfahrt trugen, war es gerade Mitte Oktober, ein Samstag. Natascha war von den Vampiren gebissen worden. Nach außen hatte es ausgesehen wie Schlaftabletten. Aber mein Gott, hat der Arzt denn nicht ihren Nacken kontrolliert, dort müssten die Bissstellen sichtbar sein, oder nein, sie hatte so schöne Oberschenkel. Dort waren sicher die zwei kleinen Bissstellen. Ich gehe von einem Hetero-Vampir aus, oder einer Lesbe; der Biss war sicher mit Lust verbunden gewesen, auch für Natascha, denn sie hatte ein Lächeln auf den toten Lippen.

Es ist mein letztes Projekt, hatte sie einmal zu mir gesagt, und ich hatte ihr nicht geglaubt. Ich brauche so etwas wie eine Notbremse, eine Reißleine, das sind die Schlaftabletten in meinem Nachtkästchen. Ich werde es wahrscheinlich nie machen, aber ich will wissen, dass ich es tun könnte.
Ich hatte ihr nicht einmal geglaubt, dass sie wirklich so eine „Notbremse“ in ihrem Nachtkästchen haben könnte. Woher denn, welcher Arzt würde einer gesunden Frau Schlaftabletten in größeren Mengen verschreiben? Aber ich hatte sie unterschätzt in dieser Hinsicht.
Robert ist zusammengebrochen, beinahe täglich. Wir haben ihn zu einem Bekannten geschleppt, Philipp, der Freund Nataschas und ich.
Philipp ist öfter zu uns gekommen. Er hat die Sache verkraftet, aber nicht von Natascha loslassen können. Und deshalb haben wir ihn aufgenommen.
Philipp und Robert haben dann beschlossen, nach Estland zu fahren, um Nataschas Idee hinterherzulaufen, die Vampire zu suchen und mich und die Wohnung in der Taborstraße zu verlassen. Oder mitzunehmen, aber das wollte ich nicht.
Robert ist in der Küche gesessen, wie heute, hat eine Zigarette nach der anderen in sich hinein geraucht und hin und wieder geseufzt. Wir haben kaum miteinander geredet. Er hat offiziell auf Philipp gewartet. Inoffiziell hat er sich vor mir geniert. Weil er sich in Philipp verliebt hatte und deshalb mit ihm nach Estland fahren wollte. Offiziell ein Monat, ich wusste aber, dass ich ihn vielleicht nie mehr wieder sehen würde, oder nur mehr, wenn er sich irgendwann seine Sachen holen würde. Aber das war nur meine Angst.

Er sog an der Zigarette, äscherte nervös öfter als notwendig und rückte auf dem Sessel hin und her. Ich saß gegenüber, schaukelte auf meinem Hocker und machte ihm Vorwürfe, die ich nicht aussprechen wollte.

Alles ein Lüge, das habe ich gewusst. Und ich habe versucht, Robert zu vergessen. Und mich immer wieder gefragt, was von ihm übrig geblieben ist. Robert war verhindert zu kommen, weil auch Natascha nie wieder kommen konnte. Ich machte aus der Wohnung einen Kokon. Ich wusste, dass ich alles, was ich erlebt hatte, einspinnen konnte. Und allmählich wusste ich, dass ich selbst einer jener Vampire war, von denen Natascha immer gesprochen hatte.

Wenige Tage nach der Abreise von Robert und Philipp hatte ich eine Postkarte erhalten, aus Tallinn, der estnischen Hauptstadt. Beide hatten darauf einige Zeilen verfasst, reichlich unpersönlich und für mich ersichtlich, dass die beiden in Eile waren.
Robert hat nie angerufen. Ich verließ täglich die Wohnung um halb neun, um zu meinem Arbeitsplatz zu gehen. Für den Fall, dass Robert anrufen sollte, hatte ich einen Anrufbeantworter eingerichtet.
Abends waren auf dem Anrufbeantworter immer nur Nachrichten von Nataschas Eltern, die ich einmal im Monat besuchte. Das Verhältnis, das ich zu ihnen entwickelt hatte, wurde immer besser und ging auch schon über unsere Gemeinsamkeit Natascha hinaus. Unsere Gespräche drehten sich um alles Mögliche. Vor allem aber war ich an der Theaterleidenschaft von Nataschas Mutter interessiert. Sie sah beinahe jede Premiere an den

Bundestheatern und auch an den kleineren Bühnen, die sie interessierten.
Nach Roberts Verschwinden wurde meine Beziehung zu Nataschas Eltern immer enger.

Es war im November, als Robert und Philipp wieder aus Estland zurückgekehrt waren. Sie waren zweieinhalb Monate unterwegs gewesen.
Wir haben uns im Café Museum getroffen. Ich hatte das Lokal noch nie gemocht, weil es an einer Ecke der Stadt lag, die ich nie fand, weil sie für mich so unscheinbar war. Ich musste auch an jenem Tag wieder suchen, und als ich das Café gefunden hatte, waren die beiden schon da. Beide in dicken Rollkragenpullis, saßen sie da, an einem Fenstertisch, und tranken Pfefferminztee. Nicht, dass du glaubst, Philipp und ich wären jetzt zusammen, er ist hetero, hat mir Robert gleich zugeflüstert. Gemeint hatte er damit vermutlich, dass er mich nicht wegen Philipp verlassen hatte, sondern aus einem anderen Grund. Wir sind aber synchron, hatte er mir dann noch zugeflüstert.
Dann haben sie mir erzählt, von der ausgestorbenen Sommerbadestadt Pärnu, den leichten Hügeln im Süden Estlands, den Altrussen an der Küste des Peipussees, den Industrienekropolen im Nordosten und den abgeschiedenen Inseln Muhu und Saremaa.

Wir haben nur Kerzen angezündet, kein elektrisches Licht. Sicher gibt es welches auf den Inseln, aber wir wollten sehen, wie es mit Kerzen ist. Und dann haben wir entdeckt, dass es leichter ist, synchron zu leben, haben sie mir abwechselnd erzählt.

Ich dachte immer, dass es schwer sei, synchron zu schwimmen, habe ich ihnen entgegnet. Nein, beim synchronen Leben achtet niemand auf Perfektion, kam dann als Antwort.
Dann hat Robert immer wieder die Bilder aus dem Nordosten gezeigt, er hat mehrere Filme dort verknipst. Fabriken, Schluchten von Plattenbauten und eine eigentümliche Romantik, die sich aus der Vernebelung und Vermilchlichung des Alltags ergibt. Sie haben dort keine Baukräne, hat Philipp dann bemerkt. Es ist seit Jahren nichts erneuert worden. Ja, hat sich Robert eingemischt, die sanitären Einrichtungen sind aus den 50er Jahren. Damals war das modern, heute sind das Relikte, die ganze Gegend ist ein Relikt.
Die Kinder sind so grau wie der Nebel, sie bekommen keine Vitamine. Und wenn es dann nebelig ist, dann kann man sie nicht mehr von der Landschaft unterscheiden. Als wären sie ein Relief der Gegenwart, eingemeißelt in die Fabriksstädte.

Robert war nervös, das konnte ich sehen, er äscherte viel zu oft, so gut kannte ich ihn, dass ich das als Zeichen stärkster Anspannung erkennen konnte.
Pärnu, sagte Philipp immer wieder, Pärnu ist eigentlich ein Badeort, im Herbst, wenn es kalt wird, sind solche Orte dann immer ausgestorben und haben ein eigentümliches Flair. Ich wusste, wovon er sprach; dachte an die Zeit mit Robert in der Bretagne im September. Die Massen hatten die Orte verlassen und man konnte über weite Strände gehen, nur zu zweit. Und am Abend in einigen der nicht geschlossenen Bistros Galettes essen, das ist eine Art von Palatschinken aus Buchweizenmehl.

Und ich versank in die Bretagne und erinnerte mich an unseren Streit bei den „Hunden vor den Mauern“, so hatte unsere Unterkunft geheißen. Ein kleines Zimmer, im Nachbarraum war eine amerikanische Familie, Vater, Mutter, kleines Kind, die konnten ihren Mund nicht halten. Waren spät in der Nacht angekommen, und das Kind spielte erwachsen und ging uns schrecklich auf die Nerven. Am nächsten Tag dann hatte Robert unsere Bettwäsche zum Fenster hinaus ausgeschüttelt. Dabei war meine Glücksmurmel aus dem Fenster geflogen, die ich im Bett liegen gelassen hatte. Ich hatte diese Murmel einmal von einer alten Schauspielerin geschenkt bekommen, vor einer Premiere. Wir hatten uns dreimal über die Schulter gespuckt und „toi toi toi“ gesagt, dann hat sie mir die Murmel gegeben.
Als ich die Murmel nicht mehr fand, war ich außer mir, Robert musste alles absuchen. Und er hat sie dann auch gefunden. Vor der Frontfassade der „Hunde vor den Mauern“, mit einem kleinen Sprung. Das war mir aber egal. Hauptsache ich hatte die Murmel wieder. Später ist es mir vor Robert peinlich gewesen, dass ich so ausgerastet bin.

An all das musste ich denken, als wir im Café Museum saßen, und hin und wieder löste eines der Stichworte, die mir die beiden gaben, einen Erinnerungsschub in mir aus und ließ mich vollends abgleiten.
Und was war mit Nataschas Verwandten, habt ihr sie getroffen, habe ich gefragt, irgendwann mittendrin, als Robert von einem Ausflug nach Viljandi erzählt hatte. Und dann sind die beiden still gewesen. Und Philipp hat wieder weiter erzählt, etwas anderes von der Reise, nicht

mehr Viljandi, sondern Rakvere. Und dass das Busfahren die beste und billigste Möglichkeit sei, Estland zu bereisen.
Ich habe das Thema fallen gelassen und bin irgendwann nach 23 Uhr nach Hause gegangen. Über drei Stunden hatte ich mir angehört, was die beiden erlebt hatten, und dann noch eine Frage gestellt.
Wo bist du jetzt eigentlich, habe ich Robert gefragt, der noch all seine Sachen in unserer Wohnung gelagert hatte. Er hat mir darauf keine richtige Antwort gegeben, nur mit besorgter Miene gefragt: Kannst du dir die Wohnung alleine leisten?
Ich habe nur genickt, und das so undeutlich, dass es nicht zu erkennen war, ob ja oder nein. Denn zu diesem Thema hatte ich mir noch gar keine Gedanken gemacht.
Und dann am Heimweg, zwischen Wirtschaftsministerium und Taborbrücke, habe ich festgestellt, dass ich auch begonnen hatte synchron zu sein, mit Natascha.

Robert hat sich einmal im Dezember seine Sachen geholt. Er hatte noch einen Schlüssel für die Wohnung gehabt. Den hat er mir dann unter dem Fußabstreifer liegen gelassen. Ich war nicht da gewesen, als er gekommen ist. Ich glaube, dass er das auch so beabsichtigt hatte. Ich habe gesehen, dass er in der Wohnung geraucht haben musste. In der Küche, wo wir immer gemeinsam gesessen sind, Natascha in der Badewanne nebenan. Er hatte die Hälfte seiner Zigaretten daneben geäschert. Das machte er immer, wenn er Angst hatte. Er hatte in der Hektik aber vermutlich noch einmal da sitzen wollen, mit Blick auf das Fenster, wo er immer gesessen hatte. Dann sah ich auch, dass die Badewanne nass war. Vermutlich hatte er

noch einmal den Wasserhahn aufgedreht, um beim Plätschern des Badewassers eine Zigarette in der Küche zu rauchen, wie damals mit Natascha.
Robert hatte nur seine persönlichen Sachen geholt. Einige der gemeinsamen Bilder hatte er mitgenommen. Alles andere überlasse ich dir, es tut mir Leid, das hatte er noch schnell auf einen Zettel geschrieben und an die Tür geklebt. Es war ihm sehr schwer gefallen, hierher zu kommen. Und sich zu verabschieden von all dem, das sah ich. Und dennoch sah ich auch, dass er nur gekommen war, um sich von Natascha zu verabschieden. Er hatte sie noch einmal baden lassen und war dann mit dem Notwendigsten gegangen.

Dann sind die Jahre vergangen. Ich habe nichts mehr von Robert gehört. Bis heute. Eigenartig ist, dass ich die Wohnung nie aufgeben wollte. Ich hatte später einträglichere Jobs, die es mir erlaubten, die Wohnung, selbst wenn ich im Ausland war, zu bezahlen und zu erhalten, ohne einen Untermieter herein zu nehmen. So wurde nie etwas verändert.
Wenn ich in der Dämmerung die Taborstraße stadtauswärts ging, nach Hause, und mich an kalten Wintertagen auf ein Bad freute, dachte ich abwechselnd an Natascha und Robert. Und wünschte, wir wären damals gestorben, oder die Zeit wäre irgendwie stehen geblieben. Was auch passierte. Die Handlung des Filmes, den man über mein Leben hätte drehen können, hatte mit dem Tod von Natascha geendet. Die Szenen, die sich jetzt noch ereignen, sind es nicht einmal Wert im Abspann mit fünf Zeilen erwähnt zu werden.

Es waren vielleicht fünf Jahre, oder auch sechs, in denen ich so dachte. Ich fühlte mich nicht unwohl, aber es passierte auch nichts mehr Neues. Und damit schien ich mich vollends abgefunden zu haben.

Dann aber läutete eines Tages das Telefon, ich hob ab, dachte zuerst, es sei eine Arbeitskollegin, die ich ab und zu auch außerhalb des Büros traf. Aber es war Helga, die Mutter von Natascha. Ihre Stimme hat verändert geklungen, sie war aufgeregt und hatte sich nicht, wie üblich, vorgestellt. Später war ich noch erstaunt, dass ich die Stimme, mit der ich mindestens zweimal pro Woche telefonierte, nicht gleich erkannt hatte, nur weil der Gemütszustand nicht wie üblich war.
Helga war aufgeregt und kramte neben dem Telefonat in ihren Gedanken herum. Es sind Leute gekommen, weißt du, hatte sie gesagt. Ich dachte an irgendeine Theaterbekanntschaft größerer Berühmtheit, denn Helga pflegte solche Kontakte. Aber es kam anders. Helga zitterte sicher beim Telefonieren, das spürte ich. Was ist los, Helga, wer ist da, habe ich genervt gefragt, nun schon die Hand am Temperaturregler der Badewanne. Und Helga hat gesagt: Enn und Olga sind da. Weißt du, wer sie sind, du weißt es ja. Enn und Olga aus Estland.
Ich nahm die Hand aus der Wanne, hatte gerade die Temperatur des Wassers mit zwei Fingern geprüft und mich an den Wannenrand gesetzt; drehte schließlich das Wasser wieder ab und ging in die Küche, wo ich mich auf Roberts Platz, der immer frei war, in Blickrichtung zum Fenster setzte.
Enn und Olga also, und ich zündete mir eine Zigarette an, weil Helga nun endlich richtig zu reden begonnen

hatte. Enn und Olga aus Estland. Ja, sie sind gekommen, weil sie neugierig waren. Wir haben sie ja gar nicht eingeladen. Du weißt ja von ihnen, sie waren immer mit Natascha in Kontakt, und dann hat sie niemand benachrichtigt von ihrem Tod. Sie sind jetzt unsere Gäste, sie bleiben eine Woche oder eineinhalb und du solltest sie auch treffen.

Ja, entgegnete ich offensiv, aber nicht begeistert, denn Enn und Olga aus Estland waren das Geheimnis unserer Badewannentage. Sie waren die Vampire, bei denen Natascha jetzt zu Hause war. Sie existierten präzise und exakt in meiner Vorstellung. Obwohl ich nie ein Bild von ihnen gesehen hatte, wusste ich, wie sie aussahen, aber so sahen sie nicht in Wirklichkeit aus.

Enn und Olga, die Esten, und der nie gelöste Konflikt, den Natascha immer in der Badewanne mit sich selbst ausgetragen hatte. Zum ersten Mal seit langem hatte ich wieder ein authentisches Bild von ihr in meinem Kopf. Ich wollte Enn und Olga sehen und auch nicht. Eigentlich interessierte mich viel mehr, was ich nie erfahren hatte, ob Robert und Philipp sie besucht hatten, und was dieser Besuch auf sich gehabt hatte, wenn es ihn überhaupt je gegeben hat.

Helga und ich vereinbarten ein Treffen gleich für den nächsten Abend. Wir wissen ja auch nicht, was wir jeden Tag mit den beiden machen sollen, das kommt alles spontan. Und ich weiß nicht, ob ich ihnen nicht meine Interessen aufzwinge, wenn nur ich ihnen die Stadt zeige, hat Helga am Telefon gemeint. Und ich, weil ich ein ehrliches Verhältnis zu ihr hatte, habe gesagt, Helga, du wirst alt, du bist nicht mehr flexibel. Und dann hat Helga gelacht, und – verdammt, ich habe auch das zum ersten Mal bemerkt – Helga konnte lachen wie Natascha, sie hatte denselben Klang in ihrer Stimme. Und ich merkte jetzt, dass ich Natascha vielleicht einmal geliebt hatte, als ich das Lachen jener Person hörte, die meiner Natascha das Lachen gegeben hatte.

Enn und Olga traf ich in der Prater Hauptallee. Der Tag war sonnig und warm, es war September. Und kurzfristig einigten wir uns auf einen Spaziergang bis zum Lusthaus; die beiden wollten lange gehen. Aber gegangen sind wir dann nur bis zur Jesuitenwiese, das ist nicht weit von der Endstation der Straßenbahnlinie „N“, die bis direkt ins Grüne hinein fährt. Wir haben uns ins Gras gesetzt, ich habe eine Decke und ein paar Polster dabei gehabt, weil ich ahnte, dass ein Gespräch am besten im Sitzen zu führen war.

Gleich nachdem ich die beiden getroffen hatte und wir uns bekannt gemacht hatten, hat Olga erzählt, dass sie mich schon lange aus Nataschas Briefen kannte. Und dass ich wohl noch immer sehr traurig sein müsse, so sehe ich zumindest aus.

Ich stimmte all dem zu. Und allmählich wurde mir klar, dass Natascha ein anderes Bild von mir nach Estland projiziert hatte, als das eines besten Freundes. Vielmehr lebten Enn und Olga in der Vorstellung, ich und Natascha hätten eine richtige Partnerbeziehung gehabt.

Denn das war es, was in den Briefen an sie zu lesen gewesen war. Die Beziehung, die es nie gegeben hatte. Enn und Olga, das waren die beiden Vampire, die in der apokalyptischen Landschaft lebten; dort wo Kinder in einer Nebellandschaft zu Reliefs der Gegenwart erstarren,

und dort wo es keine Baukräne gibt, weil die Zeit aufgrund der schlechten ökonomischen Zustände stehen geblieben ist.
Ich hatte bemerkt, dass Enn und Olga mit einem Bild lebten, dass es nie gegeben hatte, aber nicht versucht, es aufzuklären. Anscheinend wollte auch Helga das nicht tun.
Und ich erzählte den beiden schließlich auch all das, was es nie gegeben hatte. Dass wir an kalten Tagen gemeinsam in der Badewanne gesessen und Gesprächssituationen simuliert hatten. Dass Natascha sich vorgestellt hatte, mit ihnen beiden zusammenzutreffen, und ich einen der beiden gespielt hatte.

Und als es schon dunkel geworden war, habe ich schließlich noch eine Frage gestellt. Es ging um Robert und Philipp.
Jah, jah, hat Olga gesagt, das hieß ja auf estnisch, und sich dabei den Kopf mit beiden Händen gehalten; wäre fast zurückgefallen in dem Augenblick, weil sie ihre Hände nicht mehr als Sitzstütze benutzt hat. Offensichtlich machte sie diese Frage nervös, weil sie ins Estnische zurückgefallen war. Ja, hat sie sich ausgebessert, ja, sie haben uns besucht, diese beiden Männer. Robert muss sie wohl auch gewollt haben, aber sie hat ihn nie in ihren Briefen erwähnt. Ja, wir wurden besucht, sehr nette Leute, aber sie haben nicht viel gesagt, wir haben sie auch nicht gekannt, wie dich, aus den Briefen.
Und ich wurde ruhig, damals auf der Jesuitenwiese, bin ganz verstummt und habe nichts mehr gesagt. Dann sind wir lange gesessen, nachdem Olga ausgeredet hatte. Und dann hat Enn in schlechtem Deutsch nach der Regierung

gefragt und dem politischen System. Darüber, und nicht mehr über Natascha, das Leben und die Vergänglichkeit, haben wir dann den ganzen Abend diskutiert, zuerst bei einem kleinen Italiener im zweiten Bezirk, wo wir gegessen haben, und dann in einem Pub Nähe Schwarzenbergplatz, wo nebenbei ein Fußballspiel lief.
Und ich entzauberte gleichsam den Mythos von Enn und Olga, vom politischen Sprengsatz der Verwandten, die, bei einer Diskussion, auch um Konsens bemüht waren. Aber dennoch hatte Enn kein Verständnis für all die Probleme im Nordosten Estlands, für die Minderheit und deren schwierige ökonomische und politische Lage. Und die Integration, meinte er, sei in Estland schon weit vorangeschritten, man könne jetzt andere Prioritäten setzen. Enn war um die 50, hatte schütteres Haar, und im Laufe des Abends wurde er mir immer unsympathischer. Olga war nicht besonders groß, brünett, und hatte große Augen, braungrün. Ich habe mich beinahe ein bißchen in sie verliebt. Und wusste, dass in meinem Kokon ab jetzt wieder die Gegenwart gegen die Vergangenheit eingetauscht werden musste.

Helga hat mich nach dem Besuch von Olga und Enn immer wieder telefonisch zu erreichen versucht. Aber ich habe nie abgehoben oder auch nicht zurückgerufen, wenn sie auf das Band gesprochen hatte. Zuerst dachte ich, es sei zu schwierig für mich, aber dann bemerkte ich, dass ich nicht mehr interessiert war, denn die zauberhaften Dinge hatten sich aufgelöst. Trotzdem rief ich sie nach fünf Wochen an.
Ich werde die Wohnung aufgeben, habe ich ihr erzählt, aber du kannst vorher noch einmal auf Besuch kommen.

Und sie kam dann auch. Es war sogar das erste Mal, dass Helga in der Wohnung auf Besuch war.
Als sie wieder ging, beschloss ich, die Wohnung nicht aufzugeben. Ich war wieder ganz und gar mit Natascha beschäftigt und stürzte mich in mein forderndes Berufsleben, um die restliche Zeit, die ich nicht in meinem Kokon verbrachte, mit Inhalten zu füllen.
Vielleicht war es logisch, vielleicht auch nicht, aber im darauffolgenden Jahr beschloss ich, selbst nach Estland zu fahren, denn einige Dinge waren mir nie klar geworden. Eigentlich hatte ich erst begonnen, überhaupt Klarheit schaffen zu wollen, denn vorher hatte ich nur in der Vergangenheit gelebt.
Enn und Olga beabsichtigte ich nicht zu besuchen. Ich wusste zwar, wo sie zu finden gewesen wären, wollte aber nicht wieder mit ihnen zusammentreffen. Olga machte mich nervös, und Enn konnte ich nicht leiden. Das hing auch mit deren Aussehen zusammen. Die beiden hatten nichts mit jenem Enn und jener Olga zu tun, die ich aus meiner präzisen Vorstellung gekannt hatte. Also blieb ich weiterhin bei meiner Eigendefinition der Dinge. Das schien mir auch in meiner Synchronität zu Natascha kein Hindernis zu sein, denn auch sie hatte nur ein Gedankenbild der beiden gehabt.
Ich fuhr mit dem Bus nach Estland. Die Strecke führte durch Polen und die baltischen Staaten hinauf in den Norden nach Tallinn.
Nach meiner Ankunft war ich todmüde gewesen und hatte leichte Halsschmerzen. In der Uus-Straße, innerhalb der Stadtmauern in der Altstadt, fand ich die mir empfohlene Unterkunft vor. Dort blieb ich zwei Tage; die meiste Zeit fiebriger Schlaf und zwischendurch ging ich

in eines der umliegenden Lokale. Die weiteste Strecke, die ich an diesen beiden Tagen zurückgelegt hatte, war jene bis zur Kaubamaja, dem größten städtischen Kaufhaus, das gleich außerhalb der Stadtmauern hinter dem Viru-Hotel lag, also etwa 250 Meter von meiner Unterkunft entfernt.

Erst am Mittwoch ging ich in Richtung Rathausplatz, das Zentrum der Altstadt, um mich touristisch zu orientieren. Ich setzte mich den ganzen Tag über immer wieder in kleine Lokale, aß da und dort eine Pirogge. Ich kaufte die estnischen Tageszeitungen, auch wenn ich sie nicht verstehen konnte, und warf einen Blick hinein.

Und am Donnerstag, es war mein vierter Tag in Estland, bekam ich eine Ahnung davon, warum Natascha immer dieses Land besuchen hatte wollen. Ich fuhr spontan nach Lasnamäe, immer das Meer entlang, vorbei an den Anlagen des Kadriorg-Palastes, des heutigen Präsidentensitzes, und begann mitten unter den Plattenbauten, die dort eine Dichte hatten, wie ich sie nicht einmal in Bratislava erlebt hatte, die Suche nach der Wohnung von Enn und Olga. Um die beiden ebenso überraschend zu besuchen, wie sie Helga, ihren Mann und auch mich überraschend in Österreich besucht hatten. Schon die Busfahrt hatte für Tallinner Verhältnisse lange gedauert, ich war bei der Station „Kalevipoeg“, benannt nach dem Nationalepos, ausgestiegen. Neben den Plattenburgen zogen sich riesige Lagerhallenkomplexe, mit noch größeren Zufahrtswegen und Parkplätzen, asphaltierte Wüsten mit Wasserlachen, die schon eigene Lebensräume waren aufgrund ihrer überdimensionalen Größe.

Lasnamäe ist ein hauptsächlich von der russischen Bevölkerung bewohnter ärmerer Stadtteil. Enn und Olga wohnten inmitten riesiger Wohnanlagen, in einem graublauen Haus mit zwei Sicherheitstüren schon im Eingangsbereich. Ich läutete unten, und sogleich hörte ich eine Stimme auf Russisch. Ich gab mich zu erkennen, wusste nicht, ob es Olga war. Eine Frau rief laut in die Gegensprechanlage, dann hörte ich Lachen, dann ein verwundertes Murmeln, diesmal auf Estnisch. Und schließlich hörte ich den Summton, der mir die Tür öffnete.

Ich stieg drei Stöcke hinauf und suchte immer nach einer offenen Tür im jeweiligen Stockwerk. Aber im fünften Stock hatte ich aufgegeben und ging wieder hinunter. Da hörte ich es von oben schon, Olga rief mir aus dem Dachgeschoß zu. Ich lief alles hinauf, hatte kalte Füße und war gleichsam verschwitzt. Dann standen wir uns gegenüber, Olga, brünett, braungrüne Augen und leichte weibliche Rundungen, ich, braunes Haar, grüne Augen, verschwitzt und schlank. Und Olga lächelte, ich merkte, sie bemühte sich. Und bat mich hinein.

Dann saß ich bei einem Küchentisch, bekam russischen Tee und wartete auf Olga, die zum läutenden Telefon gelaufen war.

Dann kam sie, sprach in einer Mischung aus Estnisch und Englisch auf mich ein. Ich verstand zunächst nichts. Nach etwa zwei Stunden waren wir mitten in einem Gespräch. Es ging um Natascha. Ich hatte die Sache gleich auf den Punkt gebracht. Du bekommst all ihre Briefe, aber bitte gib sie mir wieder zurück, hatte Olga dann gemeint. Ich war froh, und Olga freundlich, aber es kam keine besondere Wärme auf. Außerdem fühlte ich mich irritierend von der älteren Frau angezogen, hatte über lange Strecken des Gesprächs eine schmerzhafte Erektion gehabt.

Olga bückte sich, um aus einem Kästchen die Briefe zu holen. Erst als ich die Briefe hatte, erkundigte ich mich nach Enn. Ich war mir meiner Unhöflichkeit bewusst, da ich bis zu diesem Zeitpunkt nicht nach ihm gefragt hatte. Olga gab nur eine kurze Antwort, sie hatte meine Abneigung ihm gegenüber verstanden. Dann verabschiedete ich mich auch schon, um einen weiteren Besuch innerhalb der nächsten Wochen anzukündigen, wo wir dann miteinander weiter reden konnten und ich ihr die Briefe zurückbringen wollte.
Als ich Tage später bei Olga anrief, nur um mich wieder einmal zu melden, entschuldigte sie sich bei mir für ihre kurz angebundene Art bei unserem Aufeinandertreffen. Es täte ihr Leid, aber ich sei so überraschend gekommen und sie sei nicht im Geringsten darauf vorbereitet gewesen, das habe sie ein bisschen aus der Bahn geworfen, sie würde sich aber unglaublich freuen, mich noch einige Male während meines Aufenthaltes in Estland zu treffen, vielleicht auch mit Enn, wenn ich das wollte. Und ich sagte höflich allem zu, gab aber zu verstehen, dass ich unterwegs war im Land und erst in ein bis zwei Wochen oder auch länger in Tallinn zurück sein würde, entschuldigte mich für meinen unangekündigten Besuch und drückte ihr meine Freude aus, gleichzeitig hatte ich wieder eine Erektion; und dann legte ich auf, ging in ein Café und las weiter in Nataschas Briefen.

Ich hatte die Briefe noch am Tag der Übergabe zu lesen begonnen. Mir war aber sofort bewusst geworden, dass ich nicht Tag für Tag meine Stationen wechseln konnte, wollte ich mich wirklich in die Briefe vertiefen. Es war November, kalt, die Reise anstrengend und ich auf der

Suche nach jenem strategischen Punkt, der mir mit Hilfe von Nataschas Briefen zu einer Klarheit verhelfen sollte, von der ich noch keine Ahnung gehabt hatte, wie sie aussehen hätte können. Ich dachte wieder viel an Robert, von dem ich nicht einmal wusste, ob er noch lebte, was aber zu erwarten war.
Nach einigen Überlegungen und der ausgiebigen Lektüre des Reiseführers machte ich mich auf den Weg nach Tartu, der estnischen Universitätsstadt, mit dem Ziel, dort die Briefe in Ruhe lesen zu können. Die Busfahrt dauerte nur wenige Stunden, die Straße war gut ausgebaut, und es war sogar möglich zu lesen im Bus. Allerdings ein Buch und nicht die Briefe, die ich selbst vor mir immer mehr zu einem Geheimnis gemacht hatte.
In Tartu hatte ich gleich hinter der Universität, nahe dem Platz, an dem das traditionelle Gesangsfestival stattfindet, eine Unterkunft gefunden, großes Bett, mehrere Räume, warm, mäßig sauber, dafür aber zwei Fauteuils, ein Tischchen, ein Kühlschrank und ein Fernseher, was über die Standardeinrichtung hinausging. Vom Hauptgebäude der Universität war die Unterkunft in zehn Minuten zu erreichen, ich musste nur eine kleine Steigung bergauf gehen, an einer evangelischen Kirche vorbei und durch eine kleine Allee.
In einem der beiden Fauteuils begann ich zu lesen. Ich machte Brief um Brief auf, las viele an und suchte mir die Reihenfolge, um chronologisch vorgehen zu können.

Nach zwei Tagen in Tartu wurde es wärmer und sonnig, und ich ging erstmals in der Stadt spazieren. Olga hatte Natascha in einem ihrer Briefe von der Engels- und der Teufelsbrücke erzählt, beide auf dem Domberg von

Tartu. Als ich las, wie Natascha in einem der Briefe darauf Bezug nahm und wissen wollte, was es mit diesen Brücken auf sich hatte, packte mich die Neugier, und ich machte mich selbst auf den Weg, um die beiden Brücken zu suchen. Ich ging die Allee hinunter, an der evangelischen Kirche vorbei, und dann, bevor ich den Hügel hinabstieg, sah ich schon ein Schild mit der Aufschrift „Toomemägi", offensichtlich „Domberg", dem ich sofort folgte. Ich ging an der Rückseite der Universität vorbei und dann einen parkähnlichen Hügel hinauf, bis ich auf dem ersten Plateau stand und über die Stadt Tartu blicken konnte. Als ich mich umdrehte, ein bisschen noch anstieg und am Ende eines Hohlweges an eine Lichtung gekommen war, sah ich die Reste des Domes. Ein riesiges verfallenes Gebäude. Ich lief hin, umrundete den Dom, setzte mich auf eine Bank, sah mich um und dachte an Natascha. Sie hatte mir, daran musste ich mich die ganze Zeit erinnern, von den Resten eines Domes erzählt, verfallen wie ein altes Haus, mitten auf einem Hügel. Ich nahm meinen Reiseführer aus der Tasche und suchte nach der Engelsbrücke. Und fand sie auch gleich, sie war an der Südseite des Hügels, eine kleine barocke Brücke. Und gegenüber, auf der anderen Seite, wenn man den Hügel hinauf- und wieder ein Stück hinabgeht, die Teufelsbrücke. Intensiv wie selten zuvor spürte ich jetzt die Anwesenheit von Natascha. Ich ging wieder zurück, unter beiden Brücken durch, über den Toomemägi, an der verfallenen Kirche vorbei, und verließ das Parkgelände in Richtung Universität, um vom nächsten öffentlichen Telefon aus Olga anzurufen.

Die folgenden Tage verbrachte ich mit Lesen. Von Zeit zu Zeit spazierte ich über den Domberg und unter den beiden Brücken durch. Ich spürte eine leichte Schwäche und hatte das Gefühl, das ich nicht mehr wegfahren wollte. Langsam wurde es immer kälter in Estland, am Domberg froren die Wasserlachen zu großen Eisflächen, auf denen man rutschen konnte. Ich vertiefte mich immer mehr in ein Gespräch mit Natascha, das nie endete, wir rutschten lange auf den Eisflächen, hielten uns an den Händen um nicht zu fallen und liefen und rutschten den Hügel hinauf und hinunter.

In Tartu hatte ich also, glaubte ich wieder, jene apokalyptische Landschaft gefunden, und ich bildete mir jetzt Natascha ein, die nirgends anders sein konnte als hier. Außerdem las ich ihre Briefe, als wären sie an mich gerichtet. In der kleinen unsauberen Unterkunft vermied ich, beide Fauteuils zu benutzen, wie ich das nach meiner Ankunft gemacht hatte, auf einem war ich gesessen, auf dem anderen hatte ich die Füße gelagert gehabt; jetzt musste einer frei bleiben, weil auch Natascha sitzen wollte.

Fast zwei Wochen waren wir in Tartu, bis ich den Entschluss gefaßt hatte, und natürlich auch Natascha, in den Nordosten Estlands aufzubrechen, nach Narva, an die Grenze zu Russland. Ich bezahlte das kleine Zimmer mit Bad, ging noch einmal mit dem ganzen Gepäck über den Domberg und machte mich auf den Weg zum Busbahnhof. Es war schon später Nachmittag.

Am Busbahnhof kaufte ich zwei Tickets, eines für Natascha, eines für mich. Wir saßen weit hinten im Bus. Leise sprach ich mit Natascha die ganze Zeit über das, was uns im Nordosten erwarten sollte. Natascha erzählte mir vieles, sie hatte einiges gelesen, einiges aus den Briefen von Enn und Olga erfahren, aber den beiden traute sie eigentlich nicht richtig, wenn es um politisch heikle Themen ging.

Die Fahrt führte entlang des Peipussees, durch Kallaste und Mustvee. Das Ufer war grau in grau im November, aber kleine Wellen schwappten meerähnlich an den Rand, was Natascha gefiel. Dann fuhren wir schon in die Industriezone, eigentlich die verlassene Industriezone. Wie ein Bildteppich aus den 70er Jahren überfluteten uns die flackernden Lichter alter Fabriken, der durch Scheinwerfer gespenstisch angeleuchtete Rauch und die Ölschieferberge, die durch die Förderung des Rohstoffes entstanden waren. In Narva war es finster. Wir suchten eine Unterkunft im Zentrum der Stadt, waren müde und gingen gleich schlafen.
Etwa sieben Tage wandelten wir durch die Zone im Norden: Sillamäe, Kohtla-Järve, Johvi, alles verlassen anmutende Industriestädte mit hoher Arbeitslosigkeit und schlechter Infrastruktur. Und wieder hatte ich das Gefühl, und Natascha bestätigte es, dass wir genau in jener Landschaft waren, von der sie immer gesprochen hatte. In Sillamäe, wenn es nebelig und kalt ist, gerade dämmert, und die Leute auf den Markt gehen, hat man das Gefühl, weit draußen aus der Welt zu sein. Vielleicht im entferntesten Universum, das es gibt. Natascha und ich sind um diese Zeit in der Stadt unterwegs gewesen. Und dann sind wir hinunter zum Meer gegangen. Sillamäe ist eine Stadt, in der alles nach einem Schema erbaut wurde. Es gibt eine stalinistische Altstadt und eine Neustadt aus Plattenbauten. Parallel zur Hauptstraße ist das Meeresufer und ein See, in dem Uran versenkt wurde. Wenn man gleich hinter der Berufsschule den Weg zum Meer hinunter nimmt, sind Massen von grauen Plattenbauten zu sehen. Im Nebel heben sie sich kaum mehr von der Landschaft ab. Und unten, ganz am Meer, gibt es eine

Stelle, wo Bahngleise direkt ins Wasser hineinführen. Ringsum alles von Sträuchern verwuchert, nur ein kleiner Durchbruch, eine Lichtung, die jeden Zug und alles Lebende, das auf Schienen steht, in die Tiefe verfrachtet.

Wir haben sogar Leute kennengelernt in Sillamäe; Natascha hat gemeint, es wäre nicht gut, sich auf Dauer so abzukapseln. Natalja, die an einem der Marktstände arbeitete, war mit uns ins Gespräch gekommen und hatte uns schließlich eingeladen. Abends, bei ihr in der Neustadt, kleine Wohnung, nicht mehr als 25 Quadratmeter und ohne Bad. Natalja hatte zwei Kinder, einen Sohn und eine Tochter, ihr Mann war weg, vermutlich bei seiner Geliebten in Ivangorod, der Grenzstadt in Russland, auf der anderen Seite des Narva-Flusses. Natalja hatte die estnische Staatsbürgerschaft angenommen, ihre Kinder hatten sie gleich nach der Geburt erhalten, weil sie nach dem Stichtag 1991 geboren worden waren. Nataljas Mann konnte nicht Estnisch, wollte es auch nicht lernen. Über die Trennung, erzählte sie, würde sie nie hinweg kommen; aber die politischen Verhältnisse hätten ihren Mann gezwungen in Russland zu arbeiten, gleich jenseits der Grenze, und dann hat er auch eine andere Frau dort gefunden.

Natascha entschied sich nichts zu sagen, ich weiß nicht, weshalb, also erzählte ich Natalja von uns und unserer Reise. Vermutlich hätte kein anderer Mensch uns beide eingeladen und für beide Tee gekocht. Natalja akzeptierte die synchrone Anwesenheit Nataschas und vermutlich konnte sie Natascha auch sehen. Deshalb entschloss ich mich, ihr alles zu erzählen.

Natalja erzählte mir von Sillamäe und den Hoffnungen, die die Bevölkerung hatte. Anfang der 90er Jahre hatte es sogar den Versuch der russischsprachigen Bevölkerung gegeben, unabhängig von Estland zu werden, aber der politische Wille der Mehrheit hatte es nicht erlaubt. Sillamäe war in der Sowjetunion eine geschlossene Stadt gewesen. Hier waren Raketen produziert und die Intelligenz der Union herangebildet worden. Ich erinnerte mich an die Beobachtung von Philipp, der erzählt hatte, dass es hier nirgendwo einen Baukran gibt. Das erzählte ich Natalja, die meinte, es wäre nur ein Gebäude erneuert geworden in den letzten zehn Jahren: die Tankstelle, die auch gleichzeitig Bushaltestelle ist. Und mir fiel sofort ein, dass mir das auch beim Aussteigen aus dem Bus ins Auge gefallen war.
Natalja kam ursprünglich aus dem Kaukasus, wo ihr Vater geboren worden war. Ihre Mutter, die bald nach der Geburt Nataljas die Familie verlassen hatte, hatte sie nie kennengelernt. Ihr Vater war als technischer Assistent nach Sillamäe gerufen worden. Sie und ihr Cousin, den der Vater aufgrund der besseren Verhältnisse in der geschlossenen Stadt mitgenommen hatte, wuchsen dann in den letzten Jahren der Sowjetunion hier auf. Eigentlich war sie Lehrerin, hatte aber den Marktstand von der zweiten Frau des Vaters, die an Krebs gestorben war, geerbt. Jetzt lebte sie vom Marktstand und Aushilfsunterricht, den sie in der Berufsschule gab.
Natascha war auch fasziniert, als Natalja ihre Lebensgeschichte erzählt hatte. Und beinahe wären wir alle drei in ein langes Gespräch verwickelt worden. Aber es war spät geworden, und wir wollten Natalja nicht von ihrem wenigen Schlaf abhalten.

Natascha hat am Abend im Hotel, dem einzigen in der Stadt, gemeint, sie wäre hier wohl richtig aufgehoben, und dass wir hier bleiben sollten. Ich hatte das gerade noch gehört, aber nicht mehr antworten können, weil ich so müde gewesen bin.
Geträumt habe ich in dieser Nacht dann von den Badewannentagen, von der kleinen Wohnung in der Taborstraße, und dass die Taborstraße zwischen den grauen Häuserfluten in Sillamäe liegt, gleich in der Nähe des Meeres. Und dann bin ich jäh aufgeschreckt: als ich am Ende der Taborstraße angelangt war und mit beiden Beinen auf je einem der beiden Gleise stand, die direkt ins tiefe Wasser hinein führten. Schrille Töne hatten wie Hupen aufgejault, und unter dem Wasser hatte es gefunkelt und gespiegelt. Ich hatte mich im Traum gegen das Abrutschen ins Meer hinein gewehrt und es hat immer wilder gedröhnt, gehupt, geraunt, und die Lichter haben geflackert und geblinkt. Natascha hatte so tief geschlafen, dass ich sie nicht aufwecken hätte wollen. Ich hatte Todesangst, aber ich traute mich nicht, vielleicht, weil ich genau wusste, dass sie damals gestorben war, und jetzt tot, nie wieder hier, schon gar nicht in Sillamäe, dass es diese eigenartige Landschaft, von der sie immer gesprochen hatte, nur damals in der Badewanne und unserer Küche gegeben hatte, und dass ich Robert, der noch lebte, suchen sollte. Ich war aufgewacht, mitten in der Nacht, hatte keine Lust mehr weiter zu schlafen, war mürrisch, ärgerte mich und wusste, dass nun alles vorbei war, die Reise war abzubrechen und Natascha gestorben, und das schon lange.

Am nächsten Tag brach ich auf, verabschiedete mich kurz von Natalja, gab ihr meine Adresse und nahm den nächsten Bus nach Tallinn. Ich wollte nicht mehr zu Olga und Enn, rief sie nicht mehr an, suchte die schnellste und kürzeste Verbindung nach Wien und nahm deshalb nicht mehr den Bus, sondern die Fähre nach Helsinki, um von dort mit der ungarischen Fluglinie Malev über Budapest nach Wien zu fliegen.

13 Stunden später ging ich, es war Anfang Dezember, die Taborstraße entlang. Ich war mit der Flughafenschnellbahn bis Wien Mitte gefahren, dann in die Straßenbahnlinie „O" eingestiegen, nach einer Station wieder ausgestiegen, zu Fuß über die Taborbrücke gegangen. Diesmal mit dem beklemmenden Gefühl des Traumes. Ich konnte kaum zum Donaukanal hinabblicken, es war schon nach der Dämmerung, kalt und finster, genau wie in meinem Traum, die Autos raunten und hupten, und ich hatte große Angst.

Ich erwartete eine kalte Wohnung, ich lief mit meinem Koffer. Und als ich zu Hause war, die Stiege hinaufgegangen, die Tür geöffnet hatte, griff ich gleich zum Telefon, rief die Auskunft. Robert Schütter, bitte, ich suche nach der Telefonnummer eines Mannes mit diesem Namen, am wahrscheinlichsten wohnhaft in Wien.

Ja, sagte die Dame am anderen Ende der Leitung, Zentralfriedhof, Tor drei, Reihe 11, Grab 5. Und links und rechts um mich hupte es auf, rote und weiße Lichter blinkten und in der Küche taten sich die Gleise auf, die tief hinunter führten in die Dunkelheit. Dann riss es mich aus dem Schlaf, wieder hatte ich geträumt, ich war eingenickt, bei Olga, die ich noch einmal besucht hatte, um ihr die Briefe zurück zu bringen.

Sie hatte gerade Tee aufgesetzt. Ich gab ihr die Briefe zurück, und es folgte die volle Länge des Pflichtbesuches und ein langes Gespräch mit Enn.
Natascha, mit der ich gestritten hatte, bat mich, die Briefe nicht zu kopieren. Ich hatte sie alle gelesen, aber sie hatte gemeint, es wäre wohl unmöglich, dass sich unsere Beziehung weiterentwickelt, wenn sie nur auf der Information dieser Briefe fußen würde. Ich hatte versucht, die Briefe heimlich zu kopieren, in der Post, beim Viru-Tor, aber es war unmöglich, nicht von ihr erwischt zu werden.

Zurück in Wien hatte ich versucht, mich wieder mehr meiner Arbeitsstelle zu widmen, was mir auch gelang. Dann bekam ich aber eines Tages einen Anruf. Du wohnst ja noch immer in der Taborstraße. Ja, hatte ich gesagt, ja, und jetzt bist du wieder da. Ich war nie weg, hatte Robert gesagt, ich war immer in Wien, einmal da und einmal dort. Und dann hatte ich ihn eingeladen, in die Wohnung zu kommen. Gut, hatte er gesagt, wenn das in Ordnung für dich ist. Ich weiß zwar nicht, ob ich es will, aber ich werde auf jeden Fall kommen, denn neugierig bin ich schon. Und dann haben wir uns verabschiedet und aufgelegt.
Und heute ist Robert gekommen. Er ist in der Küche gesessen, an seinem Platz, hat sich gewundert, dass sich nichts verändert hat. Kein Wort haben wir über Natascha verloren, auch die Estland-Reise habe ich ihm verschwiegen. Was er die ganze Zeit gemacht hat, habe ich auch nicht erfahren, wahrscheinlich hat er mit jemandem synchron gelebt, wie ich mit Natascha.

Alexander Peer

Meines Großvaters Schoß

Erzählung

Auf dem Schoß des Großvaters sitzend sind Stunden vergangen. Gesprochen hat er nichts, seine warme Hand hat mich gehalten. In meinem Bauch entstanden Bilder. Bei jedem Bild, das vom Bauch geschaffen wurde, stieß es mir leicht auf, in meinem Magen gärte die Säure. Mein Nachdenken begann mit dem Knurren des Körpers.
Die Erinnerung kauend sitze ich in Kaliningrad in einem Café, mich wärmt ein Radiator statt meines Großvaters Hand, ich streife die emaillierte Oberschicht, zucke zurück, weil es mir zu heiß wird. Es ist ein Café, um auf das Ende der Welt zu warten.

„Du bist ein ganz wichtiger Mensch“, hat mein Großvater gesagt und meine Wange berührt oder wenn er dies nicht gesagt und getan hat, stelle ich mir vor, er hätte es; denn eigentlich hat er ja nie etwas gesagt. Ich stelle mir vor, dass ich ... ein kleiner Junge, in dessen Gesicht die Augen so groß sind, dass jeder weiß, hier ist einer dabei, die Welt zu entdecken ... dass also ich, der Entdecker, in den Wald laufe und anstelle von Tannenzapfen, Ästen oder wohlgeformten Ahornblättern bringe ich ihm die Worte und halte sie ihm hin. Er hebt mich hoch, sagt „zeig' mir, was du da in der Hand hältst“ und ist – in dem Augenblick, wo ich meine Handflächen öffne – völlig verblüfft und erst recht sprachlos. Sprachlos sind wir immer dann, wenn wir etwas zu sagen hätten; mein Großvater hatte ja immer etwas zu sagen.

Der Wald ist feucht, der Wald ist dunkel, und im Wald da weine ich. Ich denke mir ein Schild, welches dies verkündet, aber nie vor dem Wald stehen wird. Dennoch gehen so viele in den Wald, um zu weinen, als wüssten sie von dem Schild, das ihnen den Weg zeigt. Manche kommen nicht wieder. Der Großvater weint nicht mehr, die Falten um seine Augen sind ausgetrocknet, früher mag da auch ein Rinnsal gewesen sein. Auf die Furchen lege ich die Worte, reibe die Falten ein, bis sie zu glänzen beginnen, „du bist ein ganz wichtiger Mensch", auf den Augenlidern taut es bereits. Der Großvater brummt, hüstelt und will mich schon absetzen, er verträgt das einfach nicht, diese Begegnung mit seinen Gefühlen. Er hat ja schon früh brav gelernt; „nimm' die Dinge nicht so ernst, an alles gewöhnt man sich, man darf sich nicht unterkriegen lassen". Die eigenen Gefühle nur nicht so dicht aufkommen lassen. Ich sitze ganz nah bei ihm und er rutscht immer nervöser hin und her.

Der Großvater geht weg, wenn ich ihm die Worte einreiben will. Gleich raucht er wieder eine Zigarette und verschwindet in der Werkstatt, dem gebrechlichen Schuppen, den schon sein Großvater errichtet hat. Ich sitze im Wohnzimmer und höre ihn stundenlang hämmern. Er macht einen Sessel oder ein Vogelnest. Er hobelt. Er nagelt. Er streicht. Er schwitzt. Er schwitzt sich aus. Legt nachher die Kleider auf den Ofen: Dort verdampft die nasse Sehnsucht. Ich strecke meine Zunge in die Luft und schmecke sie.
Ich frage mich, wer vor mir für meinen Großvater wichtig war? Wer war vor mir da und inwie-fern oder inwie-nah?

„Was gestern war, kann heute nicht mehr sein, und was morgen sein wird, ist jetzt noch nicht“, soll ich zu meiner Mutter als Achtjähriger gesagt haben, diese Erkenntnis hatte ich anlässlich meines Geburtstages einem Stück Sachertorte zu verdanken. Am Tag nach der Feier sah ich nur ein leeres Tablett. In diesem Augenblick war es mir, als sähe ich der Zeit beim Vergehen zu. Ich erkannte, dass es so etwas gibt wie Vergangenheit, eine Zeit also, die unabänderbar vorüber war. Und auch die Sinnlosigkeit, sich auf die Zukunft einrichten zu wollen, wurde mir bewusst, musste ich doch wieder die Ewigkeit eines ganzen Jahres erdulden, bis ich erneut eine Torte bekommen würde. Mein Großvater hatte schon 48 Jahre gelebt, bevor ich geboren wurde. Wen hatte er in dieser Zeit auf dem Schoß? Meine Mutter? Und vor meiner Mutter seine Frau? Ich weiß es nicht.

Vielleicht ist er damals, knapp 22-jährig in den Krieg gezogen mit einer ihm nachwinkenden Frau, halb mit verlegenem Lächeln, halb mit ehrlichem Weinen. Und er blickte auf sie und seine Mutter, die neben ihr stand und ihm nachsah, als wüsste sie, dass sie einander nie wieder sehen würden. Tatsächlich sahen sie einander nie wieder, weil sie starb, ehe er zurückkam. Er zog noch einmal den Gürtel enger und das Hemd strammer, der Flakmaßanzug passte gut. Er verbot sich, an Vergangenes oder Zukünftiges zu denken. Doch ein Bild umging dieses Verbot, schlüpfte durch die Idee, dass die Pflicht das wichtigste sei, und verdeckte sie so gründlich, dass mein Großvater trotz seiner Jugend ganz alt wurde. Er mag sich daran erinnert haben, wie er auf dem Schoß seiner Mutter gesessen war. Es war eine Zeit, in der es noch einen Kaiser gab und die Kinder mit dem Rohrstock eins übergezogen bekamen, weil sie nicht wussten, dass Serbien sterbien müsse, jeder Schuss einem Russ gebührt und die Kraft stets dem Stoß in den Franzos gelten soll. Wenn ein anderer so wie ich auf seinem Schoß gesessen ist, mag er die Wärme seiner Mutter wiedergespürt haben, die ihm auf ewig verloren schien. Und er mag sich an die Schwielen erinnert haben, die der belehrende Rohrstock hinterlassen hatte. Aber reden? Nein, reden wollte er nicht.

Besonders nicht von jenem Wäldchen, das schön zu nennen unter anderen Umständen durchaus möglich gewesen wäre. Tagelang pirschte das Korps durch nebelverhangene Buchenwälder. Mit jeder Stunde des Unterwegs- und also Wachsam-Seins wurde es immer natürlicher fremd zu sein. Und mein Großvater, der Nicht-viel-Redende, verlor auch noch die letzten Wörter, fand keine Sprache mehr für sich und seine Situation. Im Kleinhirn kratzten Parolen über Vaterlandsliebe, Treue und Wehrbereitschaft an einem Nerv und hallten im Großhirn als Ein-Satz-Grotesken wider. Der eine hätte die Bäckerei seines Vaters führen sollen, der andere wollte Leben retten, Arzt werden, ein Dritter wusste noch nicht, dass er Vater war ... als er ein Schneckenhaus zertrat.
Schrittweise verminderte das ziel- und unterschiedslose An-den-Bäumen-Vorbeischleichen die Angst vor der Begegnung mit dem Feind. Das Bild des Feindes verlor sich mit jedem Tier, das statt diesem aus einem der seltenen Büsche stob und eine Erstarrung provozierte, die unmittelbar in einer seltsamen Erleichterung aufgelöst wurde. Seltsam, weil es keine Erleichterung war, nur die Generalprobe dieser; nie wurde sie tatsächlich zum Besten gegeben. Selt-

sam auch, weil ein Teil in jedem nichts dringlicher forderte, als diesem Feind entgegenzutreten und ein anderer unentwegt fragte, was er hier eigentlich tue?

Zuletzt oder zuerst verlor mein Großvater seine Körperwahrnehmung. Der Biss einer beißenden Kälte schmerzte nicht mehr. Das Urinieren war eine Funktion und keine Bedürfnisbefriedigung, gesprochen wurde nicht mehr in Sätzen, sondern nur noch in Worten, später in Silben oder Befindlichkeitsformen wie „sch“, „mmh“ oder „ahh“. Das Essen diente bloß dazu, die Leere des Bauches vergessen zu machen und natürlich versagte es auch an diesem Dienst. Die Nase war taub.
In diesen Tagen wussten die meisten nicht mehr, ob sie die Fotografien ihrer Liebsten aus den Innentaschen ihrer Rucksäcke holen sollten; zu oft hatten sie sich eines anderen Lebens vergewissert. Der unausgesetzte Blick auf den graugrüngelben Wald verhüllte das Gedächtnis und mit ihm alle Erinnerungen, die so bitter nötig sind, um den Eindruck zu haben, ein bestimmtes Leben gelebt zu haben; selbst wenn dieses Leben nur eine Konstruktion war. Auf einmal schien jede Konstruktion nur noch eine Konstruktion zu sein, eine ungenügende, und der regelmäßige Blick auf die Fotos wurde ein quälender Blick.
Einmal räumte mein Großvater mit seiner Maschinenpistole einen üppigen Busch zur Seite, um den Weg freizumachen, und er sah eine aufschreckende Maus, die augenblicklich kleine weiße Knäuel mit ihrem ohnedies schmalen Leib zu bedecken versuchte. Millimetergroße Füße und Zehen ragten hervor. War es hier, als er dachte, dass der Selbstmord die letzte Option sei, um doch noch heil aus dieser Welt zu gelangen?

Wenn er keinen gehabt hat, um ihn auf den Schoß zu nehmen, ist er wahrscheinlich in seiner Werkstatt gesessen, hat filterlose Zigaretten vertilgt (A3, auch das ein Relikt), den ganzen Tag nichts gegessen und ist erst in der Nacht mit einem neuen Kästchen zurückgekommen. Zurück in ein Haus, in dem es nach Menschen roch, nach heißer Suppe, in eine Küche, in der bekannte Gesten wie volle Teller verteilt wurden. Im Krieg geriet er auch einmal in Gefangenschaft. Er schrieb dann Gedichte auf Russisch, vermutlich voller schon tausendmal gelesener Naturschilderungen. Auf einmal besagte es tatsächlich etwas, wenn da stand „die Sonne strahlte und auf der Wiese sah man das Leben", während die ihn umgebende Natur nichts als Dreck, Demütigung und Verderben bereithielt. Er verriet es niemand, dass ihm die russische Sprache gefiel. Er musste bei der Ernte helfen und wunderte sich über den Eindruck, seit langem wieder etwas Wertvolles zu tun zu haben. Kaum aufgewacht aus der Dumpfheit, verliebte er sich und der erste Feind, den mein Großvater seit Beginn des Krieges wirklich ausmachen konnte, war der Bruder der jungen Frau, der fortan jede seiner Handlungen mit einem Argwohn bedachte, dem anzusehen war, wie schwer es seinem Besitzer fiel, die Gewalt zu unterdrücken. Mehr aber als in die Frau verliebte sich mein Großvater in den Zustand, ein zur Liebe fähiges Wesen zu sein.
Seine Gedichte sind verschollen. Er aber ist zurückgekommen; ich könnte fast behaupten, dass ich der lebendige Beweis für dieses Wunder bin, aber darauf hätte meine Mutter den größeren Anspruch; kaum ein Jahr nach seiner Rückkehr wurde sie geboren. Er hat nichts von den Gedichten erzählt, natürlich, er hat ja nie etwas gesagt. Meine Mutter klärte mich darüber auf.

Es sitzen alte Menschen um mich und brüten vor sich hin, die Abenddämmerung dringt in den Raum und das gelbliche Licht im Café macht so melancholisch, dass alle dem Kellner zuwinken und Alkoholisches bestellen. Die Damen und Herren haben das Arbeitsleben abgeschlossen und jetzt sitzen sie da, sie reden über Krankheiten und wenn einer eine Pause einlegt, greift ein anderer gleich zur Zeitung, um sich mit Nachrichten abzulenken. Ein undurchdringlicher Qualm breitet sich im Raum aus.

Mein Großvater hat nach der Rückkehr das Geschäft seines Vaters übernommen und dieses – so anders als es in unseren Zeit möglich erscheint – vierzig Jahre lang geführt, Lederwaren verkauft, Bürsten erzeugt und über die Buchführung geflucht. Nie hat er geflucht, nur bei der Buchführung. Aber auch nur kurz, denn meine Großmutter schaute ihn streng an, zeigte auf mich, der ich nachmittags bei den beiden zur Betreuung war, und ermahnte ihn. Wenn er fluchte, habe ich ihm immer applaudiert; innerlich.

An den warmen Wochenenden machte die Familie Ausflüge. Ich habe mit meinem Großvater so viele Hügel und Berge bestiegen, dass ich erstaunt bin, die Erlebnisse nicht mehr verorten zu können. Und ich bin glücklich über dieses Erstaunen. Ich fragte mich damals nie, warum er immer so durch die Wälder raste und oberhalb der Baumgrenze erleichtert aufatmete. Wir sind Stunden dahingegangen, ich, ein Kind, das herumtollte, er, ein Mann, der das Denken abstreifen wollte.

Als er – kaum im Ruhestand – an Lungenkrebs gestorben war, musste ich während der Trauerfeier lächeln und wurde deswegen scharf ermahnt. Ich dachte an die Wirtshausabende, zu welchen er mich mitnahm und ich den altehrwürdigen Tarockmeistern wenn schon nicht über die Schulter, so doch beim Spiel zusehen durfte. Er hatte da manches Bier getrunken, während ich mit einem Apfelsaft ganze drei Stunden durchhielt. Manchmal ist er dann etwas weicher geworden, durchlässiger nach außen und nach innen hin, hat dann gänzlich unvermittelt „jaja, das mit den Frauen" gesagt und noch etwas in seinen weißen Bierbart gebrummt. Ich blickte ihn glänzend mit den Augen des Zehnjährigen an und war voller Erwartung für die Zukunft. Auf seinem Schoß durfte ich nicht mehr sitzen. Ich konnte ja schon lange allein gehen, damit schien ich dieses Recht für immer verwirkt zu haben.
Einmal ... der Augenblick, wo Wasser in seinen Mund zu geraten schien und die übliche Trockenheit kurz außer Kraft setzte ... schilderte er bestimmte Brandbomben, die am Menschen zu kleben schienen. Selbst als diese Unglücklichen ins Wasser sprangen, verbrannten sie. Ich dachte nie daran zu überprüfen, ob diese Bomben existiert haben oder ob sie bloß in der Werkstatt von meines Großvaters eifriger und wohl eigenwilliger Phantasie entstanden waren. Es machte für mich keinen Unterschied, ich sah keinen Sinn darin, ein Buchhalter der menschlichen Tragödie zu werden.

Jahre später fand ich beim Aufräumen am Dachboden Aufzeichnungen meines Großvaters und blätterte sie wie selbstverständlich durch, weil ich ja nur das zu bestätigen vermeinte, was mir ohnehin als wahr erschien. Und tat-

sächlich fand ich nach mehreren Seiten eine Stelle, wo er schrieb, dass er mich gerne auf seinem Schoß sitzen habe. In einem anderen Heft stieß ich auf eine wütend durchgestrichene Stelle, die ich mühsam entzifferte. Es handelte sich um eine Aufzählung der Pflichten des deutschen Soldaten, darunter: *8. Größten Lohn und höchstes Glück findet der Soldat im Bewusstsein freudig erfüllter Pflicht. Charakter und Leistung bestimmen seinen Weg und Wert.* Selbst durch den schwarzen Filzstift ließ sich diese Vergangenheit nicht gänzlich verdecken.
Als ich nach Hause kam und mir mein Sohn entgegenlief, wollte ich ihn gleich umarmen und an mich drücken, er aber winkte mir nur von Ferne zu und rief, dass er schon zum Fußballspielen zu spät komme.

Ich winkte dem Kellner zu, gab ihm zu verstehen, dass ich zahlen und gehen wollte. Ich erinnerte mich, dass ich an jenem Abend, als ich die Entdeckung von Großvaters Aufzeichnungen gemacht hatte, allein bei einem Glas Wein saß und an meine Geschichte dachte; aber was immer mir dazu einfiel, ich musste erkennen, dass meine Geschichte bloß eine Geschichte meiner Geschichte bliebe.

Erwin Uhrmann

Die Luft- und die losigkeit

Kurzgeschichte

Er ist von einem Schiff gekommen. Irgendwann. Unter beeisten Zuständen. Es hat geregnet und geschneit. Ein Wintertag und ohne Sonne. Das Verdeck des kleinen Wagens war löchrig und mit Fetzen feuchter Wolldecken gestopft. Du hast ihm damals die Hand gegeben, als er in das Auto gestiegen kam, und du hast ihn auch erwartet. Zu dir heim ist er gekommen. Du warst es, die ihm alles versprochen und später alles zu halten versucht hat.

Schiefe Windböen und ein Land voll mit Säuglingen. Alle nach dem Krieg geboren. Kopfsteinpflaster, teils noch mit großen Löchern. Das erzähltest du immer wieder. An den Löchern hat man die Verlassenschaften gesehen. Alle längst tot, die das gebaut haben. Das, hast du gemeint, ist eine schlechte Eigenschaft der Zeit, dass die Dinge stehen bleiben und die Erbauer sterben. Jeder, war deine Meinung, soll sich sein eigenes Haus bauen, um unbelastet leben zu können. Und wenn es sein muss, dann zwei oder drei Häuser bauen, wenn es mehrmals im Leben schief geht. Aber dann baue ich mein ganzes Leben lang Häuser, habe ich eingewandt, und du hast nur den Kopf geschüttelt.

Irgendwann. Damals hast du zum zweiten Mal gebaut. Als er gekommen ist und wir dicht gedrängt in der Kabine saßen. Er ist uns so fremd gewesen. Zuerst haben wir uns auf ihn gefreut, und in unserer Vorstellung war er uns vertraut. Aber als wir ihn gesehen haben, sind wir in

Reih‘ und Glied gestanden. Und am liebsten wäre es mir damals gewesen, wenn er nie gekommen wäre. Aus heutiger Sicht würde ich sagen: Ich weiß auch nicht, wie ich an seiner Stelle gehandelt hätte. In den Filmen gehen die Väter nach dem Krieg immer zuerst auf die Kinder zu, auch wenn sie sich zum ersten Mal sehen. Und im Hintergrund die wartende Mutter. Aber bei uns war es anders, und ich habe nie verstanden, warum. Er ist zu dir. Nur zu dir. Und dann war lange nichts. Und was dann war, das weiß ich nicht mehr. Es ist wie ein schwarzes Loch in der Erinnerung.

Er baut Schiffe, hast du uns erzählt. Nicht die ganzen Schiffe, nicht in einer Werft. Er entwirft die feinen Bestandteile, die am wichtigsten sind, damit das Schiff jemals in See stechen kann. Und ich habe dich gefragt, wie diese Bestandteile denn heißen. Aber du hast gesagt, dass du das nicht weißt, dass nur er es weiß, dass vielleicht sogar manche dieser Dinge ein Geheimnis sind, das man nur erfährt, wenn man er ist. Und ich wollte nicht er sein, aber ich wollte wissen, welche Teile er gebaut hat. Ich hatte sogar Angst vor seinen Teilen, und ich stellte mir seine Werkstatt wie eine Hexenküche vor. Alles um ihn war so geheim, manches, denke ich, wusstest nicht einmal du. Und nicht seine Teile waren es, die sein Geheimnis waren, sondern das, was er tat, wenn er nicht da war, die Jahre im Krieg.

Du hattest kein Foto von ihm. Manchmal haben wir dich gebeten ihn aufzuzeichnen. Und du hast ihn auf jedem Bild anders gezeichnet. Und wir haben alle diese Bilder aufgehoben. In einer kleinen Schachtel ohne Deckel. Auf

keinem der Bilder hat er gleich ausgesehen. Er hat eben viele Gesichter, hast du gesagt. Du konntest natürlich nicht zeichnen. Vielleicht wusstest du auch gar nicht mehr, wie er ausgesehen hat. Einmal hatte er einen Bart, dann wieder nicht. Dann habe ich dich gefragt, ob er eine Pfeife raucht wie ein Kapitän, und du hast nur gesagt, dass er nie geraucht hat. Aber dann hast du ihn trotzdem einmal wie einen Kapitän mit Pfeife im Mund für uns gezeichnet.
Warum ist er so lange weg? Ilse hat am meisten gefragt. Und du hast immer gesagt: Er weiß viel, die Sowjets wollen ihn so lange behalten, bis er ihnen alles gesagt hat. Sie brauchen ihn. Und dann hast du uns Bilder von Schiffsschrauben, Antrieben, Skizzen von kleineren Booten und vieles mehr gezeigt. Seine Sachen waren in einem Kasten im Arbeitszimmer. Du allein hattest den Schlüssel dafür. Wir haben dieses Zimmer nie betreten. Manchmal hast du die Schachteln mit seinen Sachen aus seinem Zimmer geholt. Und dann haben wir gemeinsam alles ausgebreitet. Kleidung: Sandalen, Handschuhe, Socken, Hosen, Krawatten, Sommer und Winter gemischt, und alles aus Kisten. Papierkram: Notizen, Urkunden, Textstellen, ausgeschnitten aus Zeitungen, Heftumschläge mit Aufschriften, Kritzeleien auf Kartonstücken, Planskizzen. Alles seine Sachen. Du hast alles aus den Schachteln genommen und aufgelegt. Kein Stück hat das andere berührt, keiner der Gegenstände einen anderen überlappt. Du hast alles aufgebreitet. Wie ein Puzzle. Nur du durftest die Dinge legen. Wie nach einem Plan. Ilse und ich haben zugesehen. Und wenn unsere kleinen Finger einen der Gegenstände berühren wollten, hast du sie genommen, einen Kuss darauf gegeben, zuerst

auf die Finger, dann auf den Gegenstand und uns wortlos an den Rand geschoben. Wenn alles voll gelegt war, konnten wir uns kaum mehr bewegen in der Wohnung; nur mehr hopsen, dazwischen, in die Lufträume zwischen seinen Gegenständen.

Einmal musste Ilse aufs Klo, der ganze Weg war von deiner Erinnerung blockiert. Ich muss jetzt, Mama, ich muss aufs Klo. Du hast sie zuerst gar nicht gehört. Und dann, als wir dich von seinen Sachen losgerissen hatten, als Ilse von einem Bein aufs andere hüpfte, dann die Beine zusammen zwickte und winselte, bist du aufgeschreckt. Und du hast geweint und gleichzeitig die Zähne zusammengebissen.
Viele der Unterhaltungen zwischen meiner kleinen Schwester Ilse und mir hast du nie gehört. Ich hatte immer das Gefühl, möglichst viel von dir fernhalten zu müssen. War er Soldat?, hat Ilse gefragt. Und dann hast du keine Antwort gegeben. Und ich habe zu Ilse gesagt, dass alle Männer im Krieg Soldaten sind. Und dass Soldaten töten müssen, um ihre Familien zu verteidigen, und weil sie sonst selbst getötet werden. Und dass die Sowjets im Krieg unsere Feinde waren. Und dann hat Ilse geweint, weil er von denen gefangen genommen worden war. Und jedes Mal hat sie unter Tränen gesagt, dass sie ihn sicher schon längst getötet haben, die Sowjets, weil sie Feinde sind, und weil Soldaten im Krieg ihre Feinde töten. Ich habe Ilse gesagt, sie soll ruhig sein. Und dass der Krieg vorbei ist. Und dass Feinde nur im Krieg getötet werden, aber nicht nach dem Krieg. Und dass die Sowjets, jetzt, wo der Krieg vorbei war, nicht mehr unsere Feinde waren. Und ich habe Geschichten erfunden, die

ich niemals vorher gehört hatte, von anderen Männern, denen es gut in der Gefangenschaft ergangen war, und die gesund wieder zurückkehrten. Leute, die ich einfach erfunden hatte, Orte, die ich in meinem Schulatlas nachgeblättert hatte.

In diese Gespräche hast du dich nicht einmal eingemischt. So ruhig bist du daneben gesessen. Es war fast, als hättest du Angst gehabt, etwas zu sagen. Ich habe mich später immer wieder gefragt, wer mehr Angst hatte, du oder Ilse. Ich habe mich gefragt, ob Ilse vielleicht das ausgesprochen hat, was du gedacht hast, und dass ich nicht nur Ilse, sondern viel mehr auch dich damals zu beruhigen hatte. Aber meine Beruhigungen waren sinnlos, wenn du dich dann in seinem Zimmer eingeschlossen hast. Ilse hat immer geweint, wenn du das gemacht hast. Sie war noch zu jung, um zu verstehen, dass du einfach Zeit für dich brauchtest. Und sie hatte Angst, dass du in seinem Zimmer verschwinden könntest, so wie er im Krieg verschwunden ist.

Ilse hat mir einmal in der Nacht von diesem Verschwinden erzählt. Für sie war der ganze Krieg in seinem Zimmer. Wenn vom „In den Krieg ziehen" die Rede war, dann, so erfuhr ich, stellte sich Ilse vor, dass ihr Vater in sein Arbeitszimmer ging, den Schlüssel umdrehte und drinnen verschwand. Das war der Krieg für Ilse, ein Verschwinden in den eigenen vier Wänden. Und du hattest vor genau dem Angst. Dass er verschwinden konnte in seinen eigenen vier Wänden. Und deshalb hast du seine Sachen verehrt wie Reliquien. Ich verstehe heute den ganzen Kult, den viele Menschen mit Hinterlassenschaften und Erinnerungsgegenständen treiben. Nur kann ich damit nichts anfangen. Du wirst es nicht wissen wollen, aber ich habe sogar die Familienbilder mit dir und Ilse und ihm weg geworfen. Weil ich mich nicht verlieren will in meinen eigenen vier Wänden in einer Welt, die mich anscheinend davor schützen soll, euch zu verlieren, wo ihr nicht mehr da seid. Dennoch gibt es eine Spukversion meiner Familie in meinem Leben. Dabei ist mir unwohl. Ich habe nie von ihm geträumt, nie von dir, aber Ilse ist immer da. Und ich frage mich dann, ob sie es ist, meine Interpretation von ihr oder er, der mich sie auf eine bestimmte Weise nicht vergessen lässt.

Du hast nie vom Krieg gesprochen. Irgendwann, als er kam, und als er dich eine halbe Stunde nicht mehr losließ, war er wieder da, und der Krieg war auch für uns vorbei.

Wir haben ihm das nie verziehen, Ilse und ich, dass er uns ignoriert hat. Damals hat er unsere Erwartungen enttäuscht. Ilse hat mich angestarrt wie eine tote Puppe. Wir sind hinten gesessen im Wagen. Der Wagen war nur ausgeborgt. Vom Nachbarn. Du hast dem Nachbarn deinen Körper dafür geborgt, nur damit du ihn abholen konntest mit einem Wagen. Und dann hat er uns nicht beachtet. Vielleicht hat er uns auch nicht gesehen, und vielleicht konnte er uns nicht hören. Er hat noch immer den Granatendonner in den Ohren, habe ich gedacht. Und das Donnern des Krieges macht einen taub. Und das Rattern des Wagens auf dem Pflaster muss sich anhören wie eine Gewehrsalve für ihn. Nein, hat Ilse mir zugeflüstert. Nein, er hört gar nichts mehr von dem.

Ich hatte mir den Krieg immer laut vorgestellt. Ich kannte Erzählungen und Berichte aus Zeitungen. Und ich wusste, dass ein Gewehr laut ist, und ich wusste, dass viel

geschossen wird, und wenn man stirbt im Krieg, wenn man getroffen wird, dann mit einem Krach. Aber Ilse hatte ein leises Bild vom Krieg. Für sie waren der Krieg und sein Arbeitszimmer eine Einheit. Sie stellte sich das Sterben leise vor. Wenn ich heute Filme sehe, meist amerikanische, meist vom Vietnamkrieg, dann erinnere ich mich an Szenen, wo plötzlich jemand in Zeitlupe und ohne Ton fällt. So ähnlich war die Vorstellung von Ilse. Sie hatte ein leises Bild vom Krieg, ein unberechenbares. Für sie war die Stille der Tod, und die Einsamkeit die Stille. Dass er sie ignoriert hat, hat Ilse auf die Idee gebracht, er könnte gestorben sein. Jemand, dem es die Sprache verschlagen hatte. Oder jemand, der verlegen war zu sprechen, vielleicht wegen seiner Vergangenheit.
Aber das dichten Sie der Geschichte freilich nur an, hat einer meiner Therapeuten gemeint, Ihre kleine Schwester ist nicht so reflektiert gewesen, dafür war sie noch zu jung. Und ich ärgerte mich, dachte zu wissen, dass ein Kind alles speichert und in irgend einer Weise sensibel genug ist für zwischenmenschliche Probleme. Und wie er das Wort „freilich" ausgesprochen und dass er es überhaupt benutzt hat, macht mich heute noch rasend. Aber ich wusste auch, dass ich meine Version der Geschichte fest abgespeichert hatte, unverrückbar, so dass niemand sie ändern konnte, niemals. Das hat mich selbst gestört, manchmal. Ich war es leid, Ilse zu interpretieren, ich dachte zu wissen, was sie wollte. Und ich war es auch leid, dich zu interpretieren, weil ich glaubte, dich zu kennen.
Aber von ihm haben Sie doch auch eine Interpretation auf Lager, hörte ich von den Therapeuten, das ist doch Ihre Version seiner Art, seines Lebens. Natürlich ist das meine Version, aber es gibt nur diese eine. Eigentlich, ist

mir dann eingefallen, ist es nicht meine Version, sondern die von meiner Schwester und mir. Aber - und alle Sätze in allen Therapiesitzungen schienen seitens des Therapeuten mit „Aber“ zu beginnen – Sie machen ihre Schwester zu einem Teil Ihrer eigenen Persönlichkeit. Und darauf konnte ich kaum etwas sagen. Denn ich glaube nicht, dass ich Ilse zu einem Teil meiner Persönlichkeit gemacht habe, sondern dass sie immer schon ein Teil dieser gewesen ist. Genau so, wie er immer ein Teil deiner Persönlichkeit gewesen ist. Und ich brauchte keinen Therapeuten mehr, um mir darüber klar zu werden, dass er, als er wieder kam, deine Persönlichkeit gespalten hat.

Wir saßen im Wagen. Er hatte seine linke Hand auf deinem Knie. Du bist gefahren. Wir haben es kaum gesehen, aber ich weiß, dass er seine Hand auch unter deinen Rock geschoben hat. Du hast damals auf ihn eingeflüstert: nicht neben den Kindern, hast du gesagt. Und hast die Augen verdreht. Ich habe es selbst im Rückspiegel gesehen. Mir war schlecht von den vielen Kurven. Und du warst eine üble Autofahrerin. Aber du hattest ja auch keine Praxis. Er hatte sich kaum geäußert. War ihm auch schlecht? – Ich werde es nie wissen. Er muss einen Hunger gehabt haben. Ilse dachte, im Krieg bekäme man nichts zu essen und schon gar nicht in Gefangenschaft. Und ich klärte sie auf, dass ohne Essen kein Leben möglich war. Ilse hat das nicht verstanden, sie konnte den Krieg nur auf ihre Weise denken.
Als wir die Nachricht von seiner Rückkehr erhalten hatten, hast du gemeint, es wäre jetzt Zeit, sich auf ihn vorzubereiten. Wir haben die Wohnung sauber gemacht, begonnen, uns an Tischmanieren zu halten, und wenn

möglich, beim Spielen leise zu sein. Das Arbeitszimmer blieb von nun an gänzlich versperrt. Ich weiß genau, dass es dich viel Überwindung gekostet hat. Aber du hast dich daran gehalten, seine Sachen nicht mehr aufgelegt.

Ich weiß genau, dass ihr das nicht versteht Kinder, hast du öfter zu uns gesagt, aber wir dürfen nicht mehr in der Vergangenheit leben. Euer Vater lebt, und wir warten jetzt, dass er kommt. Und dann hast du geweint. Öfters. Bis irgendwann. Ich werde dir das nie verzeihen. Ich habe nie verstanden, warum du geweint hast. Er lebte ja doch. Ich dachte, jetzt solltest du dich freuen. Und ich konnte mich nicht freuen, weil wir ihn nur von deinen Erzählungen kannten, und wenn du dich nicht freutest - warum sollte er dann kommen. Wir hatten doch immer darauf gewartet.
Aber du wolltest ihn so haben, wie du ihn in deiner Erinnerung zum zweiten Mal kennen gelernt hattest. Nicht so, wie er vom Krieg, von der Gefangenschaft, vom Schiff kommen würde. Keinen schmutzigen Soldaten, der heimkehrt und sich wenigstens in seiner Familie Gerechtigkeit erwartet, der ein ruhiges Leben führen will, als Veteran auftritt. Du hattest einen Techniker in unserer Wohnung kennen gelernt. Einen Mann, der penibel gewesen ist, nicht viel gesagt, aber viel gewusst hat. Einen eleganten Menschen, der sich gerne in seinem Arbeitszimmer einschloss, nur um dann voll und ganz für seine Familie da zu sein. Einen gut verdienenden Lebemenschen, der zu allem etwas zu sagen hatte, den man weder korrigieren durfte noch konnte. Der in gewisser Weise selbst ein Korrektiv für dich und eine ganze Gesellschaft darstellen konnte. Jemand, der nie gierig

war, Manieren hatte, an Gott glaubte, seine Kinder streng, aber gerecht erzog, die Schwächen seiner Frau nach außen hin mit einem Schmunzeln akzeptierte und innerhalb der Beziehung liebte. Es war, als hätte dich jemand verlassen, als er kam. Und als müssest du einen neuen Mann bekommen, den du nicht wolltest.
Es war, als wäre dein erster Mann gestorben im Krieg, dein zweiter gezwungen worden, dich zu verlassen, und nun kam dein dritter.
Aber sie waren alle eine Person, alle drei, das hast du nie verstanden.

Vier Therapeuten in 27 Jahren. Und alle haben mir dasselbe gesagt. Du hast nicht geweint, weil du ihn nicht mehr wolltest, sondern weil du Angst hattest. Du hast gewusst, dass alles anders wird. Du hast dich auf ihn gefreut. Aber jede Nacht im Bett würdest du dir die eine Frage stellen, die immer Tabu sein würde. Hat er jemanden getötet? Und nie könntest du ihm diese Frage stellen. Und wenn sein Samen deine Schenkel hinunterlief, wärst du verzweifelt, weil du nicht wissen konntest, ob er jemals eine andere gehabt hatte oder vielleicht sogar vergewaltigt. Du hast gewusst, dass er unberechenbar ist. Das hat dich an ihm gereizt. Und so lange so ein Mann in einer Familie steckt, in einem Wertkorsett, auf das er sich selbst jeden Tag vereidigt, das wusstest du, könnte nichts passieren. Aber dann der Krieg. Damit hattest du nicht gerechnet. Und der Krieg macht solche Männer zu Schlächtern, ehe er sie wieder bei ihren Familien anspült. Und dann merkte man ihnen vielleicht nichts an, sie verredeten sich nie. Aber sie waren seltsam still.

Du wusstest, wenn er deinen Hals mit beiden Händen und deine Brustwarzen mit seinen Lippen umschloss, drückte er in Gedanken zu. Oder er würde sich daran erinnern, wie leicht es gewesen war im Krieg. Vielleicht hatte im Nebenzimmer ein Kind geweint, während er sich grenzenlos verging.
Kann sein, dass dir diese Gedanken nie gekommen sind. Nie. Aber mir sind sie gekommen. Weil er damals nicht auf uns reagierte. Ilse, sei still, habe ich zu meiner jüngeren Schwester gesagt. Sei ruhig. Und ich war froh, dass sie im Wagen damals, dem Wagen, der unsere Mutter zu einer Hure gemacht hatte, immer wieder den Kopf nach vorn gestreckt hatte. Kleine Kinder sind ungeduldig. Und es holperte.

Ich weiß nichts mehr. Das haben meine Therapeuten nie verstanden, keiner. Sie haben alles probiert. Aber ich kann mich an nichts mehr erinnern. Ich weiß nicht, wann er das erste Mal mit uns geredet hat. Es könnte nach unserer Ankunft zu Hause gewesen sein. Oder auch am nächsten Tag. Das ist völlig egal. Ich habe es immer wieder zu erklären versucht, es war egal, ab dem Zeitpunkt, an dem er uns nicht, wie es sein hätte sollen, beachtet hat.
Ilse weiß es nicht mehr, sie war zu jung. Ilse ist außerdem nicht mehr da. Ich habe sie aber dennoch nicht vergessen, Ilse, die immer hinter mir gestanden ist.

Nach irgendwann dann haben wir meine Schwester Ilse beerdigt. An einem Vormittag, ich glaube Sonntag, war sie gestorben. Du, er und ich sind beim Frühstück gesessen. Und dann bin ich aufgestanden. Hol Ilse, hat er gesagt, hol sie, sie soll mit ihren Eltern essen, sie soll zum Frühstück kommen. Und ich habe versucht sie zu holen, aber sie konnte nicht mehr kommen. Sie war im Bad. Ihr Gesicht war blau wie eine Pflaume. Ich esse seither keine Pflaumen mehr. Stranguliert hat sie sich, wahrscheinlich beim Spielen. Heute weiß ich nicht mehr genau, warum. Beim Spielen eben. Aber sicher weiß ich es nicht mehr, könnte es nicht mehr sagen, wie. Das hat alle Therapeuten aufgeregt, weil sie nicht herausgefunden haben, warum Ilse genau gestorben ist, obwohl ich es einmal gewusst habe. Aber es ist mir gleich, denn die Tatsache, dass sie gestorben ist, überlagert die Todesursache bei weitem. Und ich frage mich, warum das niemand versteht. Mich interessiert es heute noch nicht. Ich würde die Frage danach nicht einmal stellen, wenn sie plötzlich vor mir stünde, irgendwann, nach meinem Leben.

Das gibt es doch nicht. Das gibt es nicht, hat einer der Therapeuten geschrien. Was Sie alles nicht wissen. Dann habe ich mir einen neuen gesucht. Und alles von vorne erzählt. Ohne Neues hinzufügen zu können. Mein Gott, ich habe dem vierten Therapeuten die gleiche Geschichte wie dem ersten erzählt. Es hat sich nichts geändert. Sie haben mir nicht geholfen, keiner von denen. Als ich fertig war, als alles zu Ende erzählt war, aber ein Ende gab es eigentlich nicht, habe ich mir keinen Termin mehr ausgemacht. Sie wollten unbedingt alles über Ilse wissen, nicht über mich, und sie wollten alles über ihn wissen. Ich habe mit dir auch nie über Ilses Tod gesprochen. Du hättest auch nicht darüber reden wollen, da bin ich mir sicher. Luftlos ist sie gestorben, ihr Körper muss leicht wie eine Feder gewesen sein, ihr Kopf schwer wie eine dieser italienischen Melonen.

Wir haben dann einmal im Urlaub solche italienischen Melonen gesehen, und ich wollte sie unbedingt aufheben, weil ich wissen wollte, wie schwer der Kopf von meiner Schwester Ilse damals gewesen ist. So schwer wie eine Melone, eine aus Süditalien, gefüllt mit Wasser, süßem Wasser. Ihr Körper wäre vermutlich weg geflogen, wie eine Feder, hätte ich das Fenster im Bad damals geöffnet, aber ihr Kopf hat sie fest am Boden gehalten.
Wir hatten kein passendes Kleid für Ilse zur Beerdigung, alle ihre Kleider hatten Tiere oder irgendwelche anderen bunten Muster eingestickt, zu formlos, wie er sagte. Also hat sie dein Brautkleid angezogen bekommen.
Sie ist aufgebahrt gewesen, zuerst im Wohnzimmer, dann in der kleinen Friedhofskapelle. Durch ein Sichtfenster hat man in den kleinen Sarg schauen können. Man hat nur ihren blauen Kopf gesehen, die Augen tief eingesunken und der Mund aufgekippt. Ihr kleiner Körper ist in den Stoffbahnen verschwunden. Der Arzt hat ihr mit Superkleber den Mund zugeklebt, für das Begräbnis, damit alle noch einmal einen Blick auf sie werfen konnten. Ich wollte das nicht, weil ich dachte, sie wird einen Grund haben, warum sie den Mund öffnet. Sie will uns etwas sagen, dachte ich, und habe verärgert dabei zugesehen, wie der Arzt angestrengt den Kleber aufgetragen hat: Ich mache es auf der Innenseite der Lippen, dann sieht es ganz natürlich aus.
Und hätte er ihr den Mund zugenäht, es wäre das gleiche dabei herausgekommen, Ilse war eine Sekunde zu schnell gestorben, sie hatte ihre letzte Angst nicht mehr artikulieren können. Vielleicht hat sie schreien wollen, aber ohne Luft geht das nicht.

Ich habe mich nicht vorgeschoben, Ilse war einfach immer mehr meine Tochter als deine. Und seine Tochter ist sie nur für ihn gewesen. Obwohl sie Angst davor hatte, er könnte nie mehr aus dem Krieg kommen, haben wir nie über den Tod an sich gesprochen. Es war auch nie Thema, das jemand außer ihm sterben oder tot sein könnte. Dass Ilse starb, war nie im Raum gestanden, weil er die Eventualität des Todes für sich in Anspruch genommen hatte. Und selbst, wenn der Tod unwahrscheinlich ist in ihrem Alter, man hätte sich zumindest davor fürchten können.

Sie geben ihm die Schuld an ihrem Tod, hat einer der Therapeuten provoziert. Das ist nicht fair. Ich habe den Therapeuten nie erzählt, was ich nach Ilses Tod geträumt habe. Wie sie nachts an mein Fenster klopfte. Das viel zu große Brautkleid hing in Fetzen an ihr herunter. Mein Zimmer ist hoch oben im zweiten Stock, sie ist in der Luft gewesen, ihre Füße waren abgewinkelt, sie ist geschwebt. Sie klopfte und hämmerte mit den kleinen Fäusten. Ich hatte das schlechteste Gewissen und konnte ihr nicht aufmachen. Sie begann zu weinen. Und dann wurde sie still. Als wollte sie mir etwas erzählen. Sie formte Worte mit ihrem Mund, die ich ablesen sollte. Ich löste mich von der Decke und starrte auf ihre Lippen. Und als ich mühsam zu entziffern begann, wurde sie plötzlich vom Fenster weggezogen. Ihr blauer Kopf stieß dabei gegen das Fenster und sie verzerrte ihr Gesicht zu einer weinenden Fratze. Und jedes Mal, wenn ich im Bett hochgefahren bin nach dieser Traumszene, habe ich mir vorgenommen, sie das nächste Mal hereinzulassen. Aber ich schaffte es nicht, und der Traum wiederholte sich immer wieder.

Du warst immer traurig wegen Ilse. Immer. Er nicht. Er lebte weiter, las die Zeitung und trank Kaffee zum Frühstück. Ich habe nie wieder ein Frühstück zu mir genommen seit dem Tag, als Ilse begonnen hatte tot zu sein. Ich bin viel auf Reisen gewesen, in allen Hotels habe ich das Frühstücksbuffet gemieden. Und wenn mir einer meiner Männer ein Tablett ans Bett gebracht hat, habe ich ihn aus der Wohnung geworfen. Ich habe es gehasst, denn ich habe es all diesen Männern erzählt, dass sie das nicht tun dürfen. Ich habe es so gehasst, dass sie mich alle heilen wollten. Aber von Ilse kann mich niemand heilen. Und deshalb war das immer ein Grund zur Trennung. Banal, wirst du denken, du hast einem Mann den Krieg verziehen. Banal, ja, aber immerhin haben mich diese Männer nicht respektiert. Ich habe auch keine Pflaumen gegessen. Es hat Jahre gegeben, da habe ich keine reifen Früchte sehen können. Ich kann nicht einmal in einen Obstgarten gehen im Spätsommer. Ich habe Ilse hunderte Male von den Bäumen hängen sehen, luftlos, nicht erstickt. Und ihr Brautkleid, deines, ist in Fetzen von den Ästen gehangen.
Er hat es gut gemeint mit mir. Wir müssen weiterleben, hat er gesagt. Und ich wusste, dass wir weiterleben würden, und ich hätte ihm verzeihen können. Hätte er uns damals wenigstens beachtet.
Natürlich mussten wir weiterleben. Ich mag es nicht, wenn jemand davon spricht, dass wir weiterleben müssen, weil er nicht trauern will, vielleicht weil er zu faul ist. Ich hätte ihm zugetraut, dass er wirklich traurig ist wegen meiner kleinen Schwester. Aber er hätte es sagen können, öfter, viel öfter. Und er hätte ihr einfach damals, wie mir, seine Aufmerksamkeit schenken müssen. Aber

Ilses Kopf war eine Pflaume, eine reife, die vor der Ernte schon tot war. Vielleicht, hätte ich das Zimmer früher betreten, hätte sie noch gelebt. Vielleicht wäre aber auch schon zu wenig Sauerstoff in ihrem Gehirn gewesen und sie hätte bleibende Schäden gehabt. Sie wäre dann immer seine Tochter gewesen, ohne sich je loszulösen von ihm.

Meine erste Erinnerung, nachdem er uns registriert hatte: im Garten. Wir haben gearbeitet. Er hat das Regiment geführt. Wie im Krieg. Aber er hat gelacht dabei. Und Ilse hat er an beiden Händen genommen und durch die Luft gewirbelt. Ich war ihm zu groß und zu schwer. Wenn du mir auskommst, hat er gesagt, dann schieße ich ein Loch in den Gartenzaun mit dir. Und einmal habe ich ihn daraufhin gefragt: Habt ihr im Krieg auch Kinder als Munition benützt? Und dann war er still. Und du hast dich zu mir gedreht und ich habe Sternchen gesehen. Und dann hat meine Wange gebrannt. Ich bin ins Haus gelaufen. Und draußen im Garten habt ihr weitergearbeitet. Und er hat Ilse nicht mehr in die Luft gewirbelt in meiner Gegenwart. Weißt du, dass ich sogar eifersüchtig gewesen bin auf meine Ilse, nur weil sie ein Kriegsheld durch die Luft gewirbelt hat, genauso wie er es mit den Frauen im Krieg gemacht hat, für die er wahrscheinlich bezahlt hat, oder die er als Lohn für seine Tapferkeit ab und an beigestellt bekommen hat.
Er hat sogar ein paar Mal vom Krieg gesprochen, der Held einer Nation, die es nicht mehr gibt. Wann geht eine Nation verloren? Und ich habe nie nachgefragt. Er hat erzählt, dass es schrecklich gewesen ist, dass er nichts zu essen gehabt hat, dass man ihn eingesperrt und er die Sprache ringsherum nicht verstanden hat. Vielleicht hätte

ich Mitleid gehabt, aber welche Sprache hat er gesprochen, als er gekommen ist. Ich verstehe sie heute noch nicht. Er, hast du gemeint, hat so viele Länder und Menschen gesehen, er hat so viel Schlimmes erlebt. Ja, habe ich gedacht. Und nur ja. Da ist mir die Geschichte eingefallen, die du Ilse immer erzählt hast. Komischerweise hast du Ilse und mir immer unterschiedliche Geschichten oder zumindest jeweils andere Versionen derselben Geschichte erzählt. Wir haben das immer zusammengetragen und verglichen. Aber diese eine Geschichte, die von dem Soldaten, der dann unser Vater wurde, hast du nur Ilse erzählt. Ihr seid in der Küche gesessen, du hast deine roten Strümpfe angehabt, die so dick waren, dass ich die Wärme bis zu mir gespürt habe. Dann hast du dich meist gekratzt, bist mit deinen Fingern unter die Strümpfe gefahren und hast dabei das Gesicht verzogen. Das macht eine Dame nicht, hast du zu Ilse gemeint, aber wenn kein Mann im Haus ist, dann geht das schon. Und Ilse hat dir zugehört. Ich war in der Schule, für die Ilse noch zu klein war. Ich habe gesagt „zu klein", du hast gesagt „zu schwach". Und das ist einer der Gründe, warum ich denke, dass es wahrscheinlicher ist, dass Ilse meine und nicht deine Tochter gewesen ist. Zumindest von der praktischen Ausgestaltung der Erziehung her. Denn du hast ihr so viel Angst gemacht, die ich nie hätte haben dürfen, weil ich diese Angst immer ausgeglichen habe. Ich denke, du hast ihr Angst in allen Sprachen beigebracht. Sie wusste, wie man sich auf Französisch fürchtet, genauso wie auf Latein, auf Griechisch, auf Spanisch, auf Englisch, alle Sprachen, die du selbst erlernt hast, und es waren viele. Wahrscheinlich fehlte ihr nur noch Angst auf Altkirchenslawisch und sie hätte ein Wort in mehr Sprachen fühlen können, als der Papst seinen Segen für die ganze Welt gibt. Ich habe mich nie darüber geärgert, sondern war eher stolz, dass ich so erwachsen gewesen bin. Meine Therapeuten haben gesagt, dass mir die Kindheit fehlt. Aber das ist ein Unsinn. Denn die hatte ich ja auch, noch vor seiner Zeit, bevor du begonnen hast, seine Sachen aufzulegen. Denn damals waren wir beide klein, schwach, und du warst groß und ich habe mir noch keine Gedanken über dich machen können.

Schiffe hat er keine mehr gebaut nach seiner Rückkehr. An einem Tag im Frühherbst hat er seine Sachen, die, die du immer aufgelegt hast, während er weg war, in den Garten getragen. Er hat alles gestapelt und verbrannt. Ich habe ihm von meinem Zimmer aus – am Fenster bin ich gesessen – zugesehen. Es war schon in der Dämmerung, und es gab Abendrot an diesem Tag. Das Feuer hat mehr Rauch gemacht als Flammen. Er hat, wie ich es sehe, die persönlichen Sachen seines Vorgängers bei dir, der er selbst gewesen ist, auf den Scheiterhaufen gepackt. Und dann hat er alles mit Benzin übergossen und angezündet. Es hat geraucht. Ich glaube, du hättest ihm nie widersprochen. Vielleicht hat er dich ja erwischt, wie du wieder einmal alles aufgelegt und die ganze Wohnung damit blockiert hast. Du hast mir nie gesagt, warum er alles verbrannt hat. Aber er hat nicht mehr als Schiffbauer gearbeitet, auch keine feinen Teile, wie du es immer genannt hast, konstruiert. Er hat seinen Beruf gewechselt. Er hat in der Fleischerei mitgearbeitet. Und wir haben immer die frischen Würste bekommen. Sie haben auch nach Lavendel gerochen, wie er. Und du, du hast sicher auch danach gerochen. Ich habe mir nie an dir zu riechen getraut. Ich hätte es nicht ertragen, wenn du auch nach Lavendel gerochen hättest.

Ich habe die Luft angehalten. Ich wollte sogar manchmal luftlos sein. Was wäre, wenn Ilse einfach noch weitergelebt hätte. Sie hätte keine Empfindungen mehr gehabt in ihrem Kopf, aber sie hätte gehen und greifen können. Sie hätte keine Kälte mehr im Gesicht gespürt, sie hätte vielleicht alles verzerrt gesehen. Sie wäre mit der einen Körperhälfte in der Luft geschwebt, ein blutleeres Wesen, und mit der anderen wäre sie am Boden geblieben. Sie wäre wie ein Heißluftballon vor dem Start, oder eine Qualle, die man mit ultraviolettem Licht bestrahlt.

Es war so eisig. Und ich habe das Stöhnen und Keuchen gehört. Ich habe es gehört, wie ihr es getan habt. Nein, habe ich mir gedacht, nein, ich will es nicht hören, und bin in den Garten gegangen. Ich will euch nicht hören. Aber ich habe es gehört. Weil du viel zu laut warst. Ich kann dabei nicht laut sein. Und wenn jemand meinen Hals streichelt, ist es ohnehin vorbei. Dann sehe ich, wie er zusammendrückt. Wie er mit Ilse im Bett liegt, sie streichelt, eigentlich bist du es. Aber es ist Ilses Pflaumenkopf. Sie schwebt dann davon, ihm aus seinen Händen, in die Mitte des Raumes, wie eine Feder, und dann öffnet jemand das Fenster, und der gesamte Lufthaushalt im Raum wird durcheinander gebracht. Und Ilse, die Feder, schwebt steil hinauf, zur Decke, und dann hinaus beim Fenster. Ilse konnte er nicht fangen, nicht besitzen, auch du nicht. Aber ihre Angst hat sie an uns gebunden.

Er hat immer nach Lavendel gerochen. Selbst wenn er Blähungen hatte. Und ich rieche den Lavendel dann auch, wenn ich Blähungen habe. Wenn er Ilse an sich drückt und ihr die Luft abschnürt. Bitte zu sagen musst du lernen, hat er immer gesagt. Und du hast genickt. Bitte sagen, das können die Kinder nie, aber immer wollen sie etwas. Nein, er hat Ilse nicht umgebracht. Ilse, die blau ist im Gesicht. Manchmal denke ich an sie, wie sie in ihrem Hochzeitskleid im Sarg liegt. Bei Toten heißt es, wachsen die Haare noch ein Stück und die Fingernägel. Und ich denke daran, wie sie mit langen Fingernägeln, schön lackiert, und langen, gebürsteten Haaren in ihrem Sarg liegt. Sie ist nur mehr ein Gerippe, aber ihr Kopf sieht noch immer aus wie eine reife Pflaume. Ilse, manchmal frage ich mich, ob du nicht schon tot geboren worden bist. Und ich auch. Wir hätten ihn nie kennen gelernt, auch wenn wir gelebt hätten.

Alexander Peer

Eine falsche Erfüllung

Erzählung

1.

Ich ging neben ihr. Es nieselte. Kälte kroch über den Asphalt, nahm den Weg in Besitz, bestimmte diesen. Sie presste sich gegen unsere Sohlen, erklomm Füße, Waden und Oberschenkel. Die andere Front eroberte die Fingerspitzen und zog zu den Oberarmen. Die Kälte drang durch die Haut bis an den Rand der Knochen, bohrte diese an. Die Wärme des Lokals, welches wir gerade verlassen hatten, war bloß eine Erinnerung, die in wenigen Minuten verblasste und unfühlbar wurde. Unsere Schritte klangen dumpf und schwer. Mitunter tauchten zwei dunstige Leuchten aus dem Nebel auf; vage bezeugten sie das Nahen eines Autos. Gelegentlich entlarvten diese Strahler ihre Aussage im Nachhinein als Lüge, denn handelte es sich bei klarem Erkennen um ein Paar Straßenlampen, die in einem symmetrischen Verhältnis zueinander funkelten (ein optischer Trick der Wirklichkeit), und einmal um ein Straßenmädchen, das – auf der Suche nach einem Freier (ein beinah aussichtsloses Unterfangen angesichts der Umstände) – sich erkenntlich zeigen wollte, indem es zwei leuchtende, runde Scheiben vor ihre Brüste gebunden hatte, die zu Leuchttürmen des Glücks werden sollten.
Wir hatten uns beim Reden verausgabt, sprachen über Film und Theorie, dachten an Beziehungen oder die Theorie vom gelungenen Begegnen. Sie wollte nach Hause. Die Nacht schien verloren ... verbraucht mit Vorstellungen.

Die öffentlichen Verkehrsmittel waren in ihren Remisen, wir noch nicht. Morgen müsse sie eine wichtige Arbeit erledigen, hörte ich sie sagen. Ein Echo von anscheinend unmessbarer Ferne, dessen Ursprung doch nur zwanzig Zentimeter von meinem linken Ohr zu finden war; Wollwelten lagen zwischen diesem und dem Mund, der sprach.
Ich müsse ebenso eine wichtige Arbeit erledigen, hörte ich mich sagen und dazu ein donnerndes und gleichfalls zitterndes Tremolo ... ein Ton von eindeutiger Erregung. Die Straße strotzte vor Endlosigkeit. Unsere Schritte gerieten zum Marsch, angetrieben von Paukenschlägen, die in meinem Stück für die Niederlage und den abziehenden Soldaten standen, in ihrem für die Flucht. Der Regen sorgte für ein dezentes Stakkato. Die Welt geriet zu einem falschen Konzert, vergeblich wünschte ich eine Unterredung mit dem Dirigenten. Fahl zogen sich Fassaden hin und keiner wusste, was dahinter lag; ich dachte an unser Gespräch.
Wir erreichten eine große Kreuzung. Hier also trennten sich unsere Wege (das banale Sinnbild für alles, was uns widerfährt). Sie reichte mir die Hand, schüttelte kurz die meine, die kaum gehoben war und drehte sich um. Ich wusste nicht, warum ich weiter mit ihr durch die Nacht gegangen war. Ich erhoffte wohl eine Änderung ihrer Gesinnung. In die Nähe meiner Wohnung im Stadtteil Tornakalns war ich so jedenfalls nicht gelangt. Im Gegenteil, ich hatte mich durchaus zielbewusst in die genau entgegengesetzte Richtung begeben. Die Gischt spritzte über den Gehsteig, er machte aus zierlichen Wellen eine Brandung. Der Wind packte seine Peitsche aus. Wasserfälle stürzten auf den Gehsteig, ich triefte nicht

nur vor Selbstmitleid. Ein Mann, der eine Frau nicht bekommt (die Formulierung eines 15-jährigen, aber was ändert sich danach noch Wesentliches?), erlebt das als unwiederbringlichen Verlust.
Nach einigen Metern, die ich weitergegangen war, erkannte ich in der Ferne eine Busstation, an welcher mehrere Menschen warteten. Tatsächlich gab es hier Nachtautobusse. Noch war ich nicht befriedigend mit Riga vertraut; ein Engagement als Osteuropakorrespondent hatte mich hierher verschlagen. Seit drei Monaten sammelte ich fiebrig so etwas wie Ingredienzien eines Heimatgefühls.

2.

Das Lokal hatte ich verlassen, um hierher zu kommen, hierher an einen Ort des ... ebenso vergeblichen Wartens? Es war eine dieser rustikalen Gaststätten gewesen, mit offenem Herd, schlichten Möbeln sowie grobkantigen Gesellen, die um den Tresen lehnten und sogar im Winter die Ärmel hochgekrempelt hatten. Trotz dieser aufdringlichen Geselligkeit fühlte ich mich wohl. Ich streifte die Kleidung ab und drängte mich in die Ecke der Bank. Baiba drängte sich zu mir. Baiba, eine Germanistikstudentin, die ich bei einer Veranstaltung des deutschen Kulturinstituts kennen gelernt hatte. Wir saßen da, ohne etwas zu sagen, schufen zunächst eine Ordnung des Sitzens. Ich bestellte Glühwein, Baiba Weißwein. Wir sahen einander an, prüften den Blick des anderen. Stockend begannen wir uns zu unterhalten; meist braucht man, wenn man nach einem Kinoerlebnis durch die Kraft der Bilder überladen ist, vorerst kleine, überschaubare Formulierungen um zurück zur Sprache zu finden. Kaum waren die ersten Sätze gesprochen, kam die Kellnerin und teilte ihr Bedauern und das Ausgegangensein der Glühwein-Säckchen mit. Ich gab mich mit einfachem Rotwein zufrieden.

Wir sprachen über den soeben gesehenen, dann über andere Filme, über Gegenwärtiges, später über Geschehenes. Ich war froh mit Baiba deutsch sprechen zu können, denn mein Russisch klang hier viel weniger überzeugend als in Wien, wo mich ein viersemestriger Sprachkurs zu der Anmaßung verleitete, nun endlich Nabokov im Original lesen zu können ... wo ich doch schon oft mit der deutschsprachigen Fassung in eine Art Nahkampf trat. Außerdem konnte es durchaus heikel sein, an öffentlichen Orten russisch zu sprechen und damit das fragile Nationalbewusstsein Lettlands einem prekären Test auszusetzen.

Ich wollte etwas preisgeben, aber obwohl ich aufrichtig war, schien ich weit weg von Baiba zu sein. Ich fühlte, dass es ihr ähnlich erging. Der Wein kleidete meinen Mund behaglich aus. Ich hielt ihn im Rachen zurück, um seinen leicht säuerlichen Geschmack den hinteren Teil der Zunge benetzen zu lassen. Dann schluckte ich. Sie zündete sich eine Zigarette an. Gerne schaue ich Frauen dabei zu, wie sie sich Zigaretten anzünden. Ich sehe gerne die Sehnen von Zeige- und Mittelfinger sich bewegen, wenn zwischen diesen eine Zigarette steckt.

Es gibt nicht wenige Männer (wenn ich mir die Rolle eines Sprechers anmaßen soll), die hauptsächlich deshalb in Großstädten leben, weil sie hier unverhältnismäßig vielen Frauen begegnen ... oder um ihnen zumindest nachsehen zu können. Es erregte mich, dass Baiba den

Rauch ringelförmig ausblies. Vier oder fünf Mandelaugen schwebten dem Neonlicht entgegen, lösten sich auf ... zurück blieben Baibas Lippen. Sie beschäftigte sich intensiv mit Filmtheorie und hielt viele Stellen des soeben gesehenen Films für plakativ. Ich empfand die Darstellung der Hauptfiguren so differenziert, dass ich die plakative Umgebung durchaus angenehm erlebte, so konnte ich mich ganz auf die konzentrieren, um die es ging. Sie wollte sich nicht darauf einlassen, ich wollte mich nicht auf ihre Kritik einlassen. Die Kritiken standen im Raum wie der Rauch. Stickig wurde es.

Wir waren hungrig und schienen zumindest hinsichtlich des guten Geschmacks konform zu gehen. Aber noch bevor ich den Wunsch nach einem Hühnerfilet aussprach, hörten wir, dass dieses nicht mehr zu bestellen sei. Obwohl ich mich bemühte, ging mir der Wunsch danach nicht aus; er wurde dadurch nur stärker. Ich vertiefte mich wieder in die Speisekarte und kämpfte tapfer gegen eine ganze Armee von Hühnergerichten, die in meinem Kopf Stellung bezogen. Mein Gaumen versuchte zu sinnieren, welche Wahl ebenbürtig wäre. Baiba wich auf ein Speckbrot aus. Ich beschied dem gebackenen Kohl die Ersatzrolle. Die Kellnerin verschwand, um nach wenigen Minuten zurück zu kommen. Ihr Erscheinen verheißt nichts Gutes, sagte eine Stimme in mir. Sie sollte recht behalten. Anscheinend war die Kellnerin die 13. Fee, die bei meiner Geburt nicht eingeladen wurde. Das Bedauern blieb ihre gute Vorhut, danach kamen die schweren Geschütze. Sie erklärte, dass der Kohl verbrannt sei und es ihr Leid tue. Ich fragte mich, ob ich noch fähig war, ein weiteres Studium der Karte einzugehen, zumal sie eine bescheidene Auswahl bot. Ein letztes Mal raffte

ich mich auf, wie jener Unglückselige namens K., der ins Schloss gelangen wollte und immer wieder nur vertröstet wurde. Das erschütterndste Beispiel literarischer Hartnäckigkeit ... das Problem an uns Menschen ist ja, dass wir alle nur Landvermesser sind und keine Kartenleser.
Ich bestellte (ohne zu glauben, dass sie mir je aufgetischt werden würden) die Getreidelaibchen mit Joghurtsauce und roten Rüben. Matt faltete ich die Speisekarte zusammen und um nur ja nicht wieder in jene Gefahr zu geraten, legte ich sie auf einen fernen Tisch. Baiba erheiterte die Situation. Mich ja auch, und dennoch empfand ich es wie ein Omen dafür, dass ich heute wohl leer ausgehen würde ...
Schließlich ließ ich mir die Getreidelaibchen schmecken (seltsame Formulierung, als ob ich über mein Wollen tatsächlich entscheiden könnte). Baiba kaute an ihrem Speck (glänzten ihre Lippen des Fettes wegen, oder?).
Das Essen brachte uns dem Boden näher. Wir sprachen über unsere Eltern. So erfuhr ich doch manches von ihr, aber dennoch blieb eine Fremdheit zwischen uns. Warum bildete ich mir ein, dass ich etwas von Frauen wissen müsse, bevor ich mit ihnen ins Bett ging? Die Würze meines Essens ließ mich die Frage vergessen oder war es die Schärfe der Frage, die mich ein Glas Wasser bestellen ließ.
Satt sank ich anschließend auf die Bank. Ein Gefühl von geleisteter Arbeit und entsprechend berechtigtem Stolz lag mit in meinem Bauch. Ein Bedürfnis nach einer Zigarette stellte sich ein und ich mir vor, wie ich diese zu meinem Mund führte, meine Lippen schon befeuchtete, noch bevor sie die Zigarette berührten und wie ich sanft den Filter umschließen würde, ich einsog, was sie hergab und dann für einen Moment den Atem anhielt.

Die Kellnerin nahm die leeren Teller und meine Zigarettenbestellung auf, ich blickte ihr sehnsüchtig hinterher. Sie kam gleich darauf zurück, um mir mitzuteilen, dass die von mir geforderte Marke ausgegangen sei. Der Zorn verleitete mich zu einer Entscheidung, die ich – nachdem ich hastig das servierte Ersatz-Päckchen aufgerissen hatte und mir die erste Zigarette krallte – verwünschte. Mit ihr verwünschte ich die Kellnerin. Aber sie kam nicht etwa als Frosch wieder, sondern als die gleiche wie zuvor. Sie bot mir an, dass ich einen halben Lats weniger zahlen sollte als Entschädigung für die vielen enttäuschten Erwartungen, die mein Gaumen hinnehmen musste (ich kalkulierte rasch einen deutlichen höheren Betrag für mein Leben). Und weil die 13. Fee so nett lächelte (es war keineswegs ein Seminarlächeln), meinte ich, nun wäre sie endlich in mein Leben eingemeindet und sie könne sich ohne Rachelust an meinen Tisch setzen, denn die Liebe wäre so groß, dass keiner des Tisches verwiesen werden müsste. Ich träumte vor mich hin ... bis Baiba mich anstieß, mir den Stand der Zeit bedeutete. Diese schien es eilig zu haben, wollte sie so rasch zu ihrem Ende gelangen? Vielleicht aus Kränkung darüber, dass so viele (seit Generationen viele) über sie eher als schlechte, denn als gute Zeit sprachen. Ach ja, die Zeit ... erst jetzt, als Baiba aufstand und ich trübe eine Haarsträhne erkennen konnte, die so frech war, ihre Nase zu bedecken (Mein Konsum: 3/4 Liter Rotwein, wie ich festhalten will), fiel mir auf, dass die Kraft der Märchen schwächer geworden war und schwächer zu werden drohte, mit jedem Lebensjahr mehr, das sich wie ein Ring um mich schnürt. Ich blickte auf Baibas Uhr, die sprach in hastigem Ticken von einem neuen Tag. Ja, von einem Tag, der zusehends alt wurde.

3.

Die Autos fuhren durch den Regen an ihr Ziel. Ich stand noch immer an der Busstation bei den anderen und blickte auf die vergangenen Stunden zurück, wie die anderen womöglich auch. Ob die wohl alle Abgewiesene waren?
Ich will gar nicht wissen, wie viele glauben, ihr Leben sei einzigartig (das ist es ja ohnehin!), wo es sich bloß um ein Duplikat handelt, die Städte sind voll von diesen Gläubigen, die Städte sind voll von uns. Aber vielleicht sind ja wir, wir hier Wartende (die wir alle Abgewiesene sind) zusammen einzigartig. Ich phantasierte vor mich hin, blickte in eine vermummte Runde, die Wind und Wasser trotzte, ahnte Gesichter von Alten, von Jungen und solchen, die schon längst im Bett sein sollten.
Eine Frau fragte mich in beinahe überforderndem Französisch, wohin denn diese Route führe. Aus meinem inneren Predigtdienst gerissen, schaute ich hilflos auf die Tafel. Dann kam ein Bus und nahm alle mit, alle bis auf mich und die Frau. Wir wussten nun, dass dieser Bus nichts für uns war, darüber klärte uns der Chauffeur auf, in einem derart akzentuierten Lettisch, dass uns gar nichts anderes übrig blieb als verständnislos zu nicken.
Wir gingen nebeneinander die Straße entlang. Stetig eroberte die Kälte meinen Körper. Ich verlor das Gefühl für meine Füße; sie mussten bereits jemand anderem gehören, dennoch gingen sie dorthin, wohin auch ich wollte. Wir kamen zu einem Bahnhof (ein Schild verlassen und verrostet, St. Riga-Precu), an welchem ein Taxistand war. Ich fragte meine Begleiterin, mich dabei auf Relikte meines Französischstudiums stützend, ob sie mit mir ein Taxi nehmen wolle, so käme es billiger und wir wären

rasch im Warmen. Sie zögerte. Ich sah ein Augenpaar, das eine Waage war, im rechten Für, im linken Wider, dann willigte sie ein (mit schiefem Blick). Es war seltsam, ich empfand Fremdes und Vertrautes zugleich. Wir waren in der gleichen Situation, das machte sie mir vertraut und dennoch blieb ein angenehmer Abstand zwischen uns. Ich beglückwünschte mich zu meinem Vorschlag, denn ich hatte keine Lust ewig durch die Nacht zu gehen.

Schnell liefen wir zu einem Taxi und besprachen die Route. Es solle mich zuerst absetzen, dann zu ihr weiterfahren, so würde es den optimalen Weg nehmen. Der Mann am Steuer gab bereits Gas, obwohl er mir noch ins Gesicht blickte. Ein erleichterndes Ausatmen ließ mich müde werden. Ich schaute durch die mit Tropfen übersäte Fensterscheibe auf ein paar verlorene Gestalten, die kein zu Hause zu kennen vermittelten. Der Autositz war bequem, er wiegte mich in einen Schlaf, den voll auszukosten ich nun bald erwarten durfte. Die Frau neben mir sprach davon, dass sie noch neu in der Stadt sei. Sie kannte niemanden, wusste nicht wohin, war aber froh, hier zu sein. Ich nickte nur zustimmend und war zunächst zu keiner Äußerung imstande, zu sehr genoss ich die Wärme im Auto. Sie würde in zwei Wochen ein Auto haben, dann würde sie Tage nur damit verbringen, die Stadt zu erkunden.

Das störte mich irgendwie. Mich störte daran, dass sie ein Auto brauchte, um die Stadt zu erkunden. Ich selbst, der ich kein Auto hatte, erlebte die Spaziergänge durch die Stadt wie die aufregendsten Abenteuer. Ich konnte stundenlang durch die Stadt gehen (wenn nicht in einer Nacht wie dieser), ohne irgendwohin zu wollen. Im Gegenteil, ich erlebte das Herumtändeln als meine große

Domäne. Wenn es nur den Beruf des Müßiggängers gäbe, ich würde darin sogar Überstunden machen!
Ich entgegnete ihr, dass ich das schade fände, von einem Auto so abhängig zu sein. Kaum dachte ich daran, was ich sprach, schon plauderten wir über unser Leben, unsere Abhängigkeiten, unsere Überstunden (es war vier Uhr Früh!). Ich gestand ihr schließlich, dass ich angewidert sei, weil ich gehofft hatte, heute bei einer Frau und darüber hinaus mit dieser zu schlafen.
„Tja", erwiderte sie, „so ist das eben, wenn sich die Frauen anders entscheiden."
„Ich glaube gar nicht, dass sie sich entschieden hat, ich glaube vielmehr, sie hat sich bemüht, nicht daran zu denken, dass es möglich wäre, mit mir ins Bett zu gehen", entgegnete ich ihr in einwandfreiem Englisch, auf das unsere Konversation mittlerweile aufbaute.
„Und warum glaubst du das", fragte sie mich.
„Ich weiß es nicht, ich glaube es einfach, ich glaube, dass sie mehr von mir wissen will, bevor sie mit mir ins Bett geht."
„Aber das ist doch ganz egal, was eine Frau von einem Mann weiß und umgekehrt, ein Mann kann noch so viel über eine Frau wissen, er wird sowieso immer wieder nur daran denken, wie es ist, mit ihr zu schlafen. Ich denke sogar, ein Mann will fürs erste herzlich wenig von einer Frau wissen, am besten er weiß gar nichts von ihr ... ja, das unterstelle ich ihm ... dann kann er sich nämlich völlig ungestört auf das ihm Wesentliche konzentrieren."
Meistens hatte mich eine solche Provokation verärgert (wie sonst hätte ich ihren Kommentar auffassen sollen?) und ich konterte scharf, nicht um etwa die Männer zu verteidigen, sondern lediglich mich. Je schärfer ich für gewöhnlich kon-

terte, um so eher war der Verdacht wohl berechtigt, dass ein Mann zunächst ein Objekt sucht, wenn es günstig läuft, wird dann doch noch ein Subjekt aus dem Objekt. Aber warum sollte eine Frau das anders sehen? Nieder mit der falschen Moral, die unser Leben nur schwieriger macht, als es ohnedies schon ist. Jetzt aber war ich durch die Annehmlichkeit des Autos geborgen, meine Schläfrigkeit forderte äußerste Harmonie, ich hatte den Eindruck, bloß noch ein paar Worte sprechen zu können, bevor ich in den nächtlichen Ruhestand gehen müsste. Ich blieb ruhig, bedachtsam (ist also die Bedachtsamkeit auf Müdigkeit zurückzuführen?): „Ich weiß nicht, ich denke, dass eine Frau eine übertriebene Vorstellung von der Phantasielosigkeit der Männer hat, wenn sie denkt, ein Mann denke nur ans *Fucking*."

Absichtlich sagte ich fucking und mied das geschmeidige sleeping together, vermutlich eine – nun nicht mehr latente – Aggression, Baibas Ablehnung wegen.

„Na was, was denkt denn ein Mann so?", spitzte sie die Lippen zu ansehnlicher Schärfe.

„An alles Mögliche", sagte ich und mir fiel momentan nichts ein, „na ja, ich kann nur sagen, woran ich denke ... an meine Zukunft, meine Vergangenheit, meine Gegenwart ... was ich in Lokalen bestellen soll."

Ein wenig lachte ich in mich hinein, denn ich kam mir wie ein Schuljunge vor, der einen bösen Streich gespielt hatte und nun vor der Direktorin eine Erklärung abzugeben gezwungen war.

„Schön, schön, aber das ist viel zu allgemein", behauptete sie unbeeindruckt.

„Gut ... also, ich denke zum Beispiel daran, wie ich meinem Freund sagen soll, dass ich ihn brauche, dass er

mir zuhören soll (feine, spitze Nase), ich denke daran, wie ich ihm etwas offen sagen kann, vor dem ich mich auch geniere (Wangen! Glänzen sogar im Dunkeln), weil es vielleicht nicht zu dem Rollenbild passt, in das ich gezwungen werde. Ich denke an die Gefühle, die meinen Körper durchstreifen (hübscher Ohrring), als ob sie auf Wanderschaft wären und immer nur den gleichen Pfad entlang gingen und so immer zu mir zurückkehrten (...)."
Während ich breit und ausufernd darstellte (mit jedem Wort wurde ich aufgeweckter, nicht müder), woran ich so den ganzen Tag denke, bemerkte ich, dass ich mir vorzustellen begann, wie es wohl wäre, mit ihr zu schlafen.
„Tu est un poète, un philosophe!", rief sie, ohne dies im geringsten als Beleidigung zu behaupten, wieder in den Schoß ihrer Muttersprache fallend. Ich sah sie geistlos an, denn ich war überrascht von dem Impuls, mit ihr schlafen zu wollen. Immerhin war ich ja heute mit Baiba ausgegangen, auch in der Erwartung mit ihr zu schlafen und in mancher Hinsicht bin ich doch konservativ.
„Was machst du denn so, tagsüber, während du an all das denkst, aber nicht ans Schlafen mit Frauen", fragte sie nun wissbegierig.
Die Lust mit ihr zu schlafen, machte mich übermütig: „Ich schlafe mit Frauen."
Wir lachten beide. Das Taxi hielt, wir waren bei mir, einer etwas schäbigen Einzimmer-Wohnung in der Vienîbas gatve.
„Also dann, hm ... willst du noch mit zu mir kommen?"
„Bien ... oui."
Wenn es bloß so einfach wäre! Wie oft hatte ich mich das schon gefragt? Seltsamerweise ist es so einfach: Entweder ist es so einfach oder es passiert nichts.

Ich machte einen Kaffee, koffeinfrei. Wir tranken hastig. Sanfte Musik milderte unsere Aufregung. Ich saß dicht bei ihr und legte meinen Arm um ihre Schulter. Ich wusste gar nicht mehr, wie sie aussah, ich spürte nur ihren warmen Körper, sie wohl den meinen. Wir beide wurden schwer und fielen in einen erleichternden Schlaf ...

Am Morgen ist immer alles anders. Das ist oft eine Hoffnung, die sich zuweilen nicht erfüllt und auch oft eine Befürchtung, die sich bestätigt. Ich sah sie vor mir, sie sah verbraucht aus. Sie zog sich rasch an. Ich wusste nicht mehr, was ich von ihr wollen könnte.
„C'est normal", sagte sie und sie schaute mich an, der ich ausdruckslos vor mich hin blickte. „Merci pour le taxi."
Ich blickte ihr hinterher, als sie die Stiegen hinabging.

4.

Ich saß dann in der Küche, trank Kaffee, ein grauer Tag wollte zu mir, ich nahm die Zeitung von gestern und hielt sie schützend vor mich und den heutigen Tag, blätterte ziellos, überstand jeden Anschlag, der mir geschildert wurde, und konnte mir nicht mehr vorstellen, wie sie aussah. Ich konnte mir nichts von dem, was passiert war, vergegenwärtigen. Nichts. Ein seltsames Gefühl ... Pflichtgefühl ... eine Frau zu kennen, bevor sich etwas mit ihr ergab. Ich war mir zuweilen nicht sicher, ob ich überhaupt mich kannte. Ich legte die überstandene Zeitung beiseite und sah aus dem Fenster in einen klassischen Novembertag, feucht und verdrießlich. Natürlich kannte ich nicht einmal ihren Namen.
Beim Rasieren brannten die Poren, meine Augen waren

brennende Steine und meine Zunge hatte über Nacht einen erstaunlichen Pelz bekommen. Unvermittelt klopfte der kleine Junge in mir an und nach ein paar Minuten von redseliger Selbstgesprächigkeit beschloss ich abends die 13. Fee aufzusuchen, vielleicht würde sie heute keine Enttäuschungen servieren. Immerhin, vor mir lag ein neuer Tag, Arbeit gab es kaum, denn es tat sich nichts Neues im Osten.

Erwin Uhrmann

Die Dehnbarkeit der Trennung

Kurzgeschichte

Michael stand in der Tür. Er hatte einen Pinsel in der Hand, seine Finger waren von der Leimfarbe benetzt. Er sah auf und stellte sich das fertige Bild vor. In seinem Hirn spiegelten sich der baltische Winter und die Weißen Nächte.
Während sich draußen der Parkplatz füllte, und die ersten Leute in den Aufzug stiegen und man von unten die Stimmen und das Rascheln von Kleidung hören konnte, dachte Michael an das Bild vor sich, das er noch fertig stellen wollte. Weil das Wetter heiß war, konnte das neue Bild schnell trocknen. Die Farben waren mattes Blau und silbriges Grün. Er hatte den baltischen Winter im Kopf und die Kindheit mit Engelbert. Es sollte beginnen zu regnen. Die Ausstellung sollte bald eröffnet werden. Michael drehte den Pinsel in seiner rechten Hand, fuhr damit noch einmal in den Topf mit Leimfarbe und setzte knapp unterhalb des Halses seiner Figur an, um noch eine letzte Malbewegung mit dem Bild zu verbinden, bevor es fertig sein sollte.

Um Michael zu zeugen hatte es vier Versuche gegeben. Er ist ein Wunschkind gewesen, nicht aber sein Zwillingsbruder Engelbert. Michael ist zuerst gekommen. Weil er seinen Kopf als Erster aus dem Bauch gesteckt hat, und weil seine Mutter gewusst hat, dass sie nur ein Kind wollte, ließ sie nur Michael taufen, nicht aber Engelbert.

Der baltische Winter war Engelbert bis auf die Knochen gegangen. Ihn hat es immer in den Süden gezogen, wo er später auch hingegangen ist.
Michael rutschte nervös auf seinen Hinterbacken herum. Vielleicht habe ich nie einen Bruder gehabt, einen Zwillingsbruder, hat er sich gedacht. Aber gerade deshalb stellte sich die Frage, ob es nicht möglich war, dass ein verkehrtes Spiegelbild von Michael irgendwo herumirrte. Und als Michael den Winter in sich spürte und mit einer Malbewegung sein Bild fertig stellen wollte, dachte er an Engelbert. Wie er als Kind die Haare verloren hatte. Und ich dachte, Zwillinge haben die gleichen Gene, überlegte Michael. Und für eine Stunde grübelte er nur darüber nach, warum Engelbert keine Haare mehr hatte und er so viele und so dicht.
Langsam schlich sich das Krokodil in sein Gehirn, das sie als Kinder immer gefürchtet hatten. Er nahm den Pinsel mit der anderen Hand aus der einen, ging ein paar Schritte zurück und setzte sich auf den über und über von Farbe bekleckerten Arbeitsstuhl, der hinter ihm stand. An seiner Hose wischte er sich die Hände ab, nahm die kleine abgewetzte Aluminium-Trinkflasche, setzte an und schluckte ein paar Mal tief. Während im Nebenzimmer die Ausstellung begann, rief sich Michael den Engelbert seiner Kindheit in Erinnerung. Mein einziger Bruder, dachte er. Und dann hat er noch einmal geschluckt, ohne zu trinken. Die Sonne war schon schwach, ein heißer Juni-Abend, die Luft stand still, und er spürte ein trockenes Jucken am Auge. Dann stand er auf, mischte ein Grasgrün und malte die Konturen eines Krokodils auf das Bild. Engelbert war immer ein Krokodil gewesen. Und weil er kurz lachen musste, wurde er auch gleich traurig,

kratzte sich noch einmal am Auge, bekleckerte sich mit Farbe das Gesicht und setzte sich wieder. Jetzt waren es der baltische Winter und ein Krokodil. Und weil ein Krokodil nicht in den kalten Norden passt, hat Engelbert auch nicht in sein Leben gepasst.
Er wusch die Pinsel aus und legte sie auf das Zeitungspapier, dann hängte er das Bild in die letzten Sonnenstrahlen, die beim Fenster hereinkamen. Teilweise war es schon trocken. Im Sommer geht das schnell, dachte er. Und er dachte sich auch, dass das grasgrüne Krokodil allmählich verschwand. Die Leimfarben werden schwächer, wenn sie trocknen. Aber auch der baltische Winter trat in den Hintergrund. Er nahm zwei Finger, steckte sie in den Wassertopf, den er zum Mischen benutzt hatte, und spritzte das Wasser quer über das Bild. Ein paar Tropfen landeten auf dem Krokodil, ein paar auf den silbrigen Flächen und wurden zu dunkleren Punkten im Bild. Dann ging er nach hinten, bis er an der Rückwand im Raum anstand. Er lehnte sich gegen die Mauer und betrachtete sein Bild aus einigen Metern Entfernung. Die dunklen Punkte waren auch schon angetrocknet, so heiß war es.

Dann verließ er den Raum, zog sich um, vergaß, sich die Farbflecken aus dem Gesicht zu waschen, und verließ das Atelier. Es war Zeit zu gehen, dachte er, und mit dem Bild an der Wand hatte er auch Engelbert vergessen. Es war das erste Mal gewesen, dass er seinen Bruder in ein Bild hinein verarbeitet hatte.

Engelbert ist weg gewesen, aber manchmal hat er geschrieben. Er hat sich Mühe gegeben, nett zu sein. Er hatte in Portugal geheiratet und zu seiner Hochzeit niemanden eingeladen von der Familie. Michael hatte es einige Zeit als Musiker probiert. Auftritte in kleinen Lokalen, ein bisschen Geld verdient mit Unterhaltungsmusik, aber nie für längere Zeit. Mit 30 war er noch immer daran interessiert, einmal Musiker zu werden. Die Malerei war nur ein Umweg, aber er konnte sogar davon leben. Engelbert war immer eine Bürokraft gewesen, er hätte gar nie die Möglichkeit zu einer anderen Arbeit gehabt.

In Michaels Wohnung stapelten sich die Bücher. Er hatte alles zu lesen, was es gab. In einem kleinen Regal in der Küche waren aber nur Bücher mit Renaissance-Malereien. Michael lag, wenn es Nacht wurde, am Boden und blätterte sie durch. Und wenn er allein war, tagelang niemanden gesehen hatte, dann war es wieder Zeit für ihn, an den baltischen Winter zu denken, und daran als er Engelbert zum letzten Mal gesehen hatte.

Wir sind auf den Decken gesessen, haben Pulverschnee auf unsere Augen rieseln lassen und den kalten Wind gespürt. Draußen hat es gedonnert, draußen vor dem Iglu, aber kein Gewitterdonner, sondern das Ineinandergreifen von Schneemassen. Die Schneestücke und das Eis haben sich verschoben, und Engelbert hatte Angst, dass auch der Eingang zum Iglu vom Schnee eingedrückt werden hätte können. Wir sind auf den dicken Decken von Mutter gesessen, und mir ist es nicht einmal zu kalt gewesen, im Eis meine Jause zu essen. Heute ist dort alles so klein, wo wir damals gewesen sind. Es ist alles geschrumpft. Das Klima verändert sich und die Größenverhältnisse. Engelbert hat immer vor allem Angst gehabt, aber das Krokodil haben wir gemeinsam gefürchtet. Vielleicht ist es banal, sich vor genau dem zu fürchten, was uns als Groteske in jedem Puppentheater vorgeführt wird. Dennoch ist es so gewesen. Die großen Windräder haben sich gedreht, und der Norden in uns ist zu einem Eisbären geworden. Und neben uns sind große Hasen gesessen, die gemütlich Pfeife geraucht haben. Wir haben sie nicht gesehen, aber sie sind da gesessen. Und so lange niemand anderer gekommen ist, haben wir sogar mit den Hasen geredet.

Engelbert hatte schon als Kind wenige Haare gehabt. Und wenn er sich beschwert hatte, ihm sei kalt, dann habe ich immer gemeint, er solle sich doch Haare wachsen lassen, die halten warm. Engelbert hat sich perfekt in meine Welt eingefügt, auch wenn er manchmal nichts gesagt hat. Den ganzen baltischen Winter über sind wir immer wieder in den Iglu gegangen, haben die Hasen getroffen, den Schnee donnern gehört, und die Lawinen sind bergeweise herunter gekommen. Wir durften nicht wie die anderen Kinder Schi fahren, weil unser Vater durch einen Schi-Unfall seinen linken Unterarm verloren hatte. Anfangs hat es uns nicht gestört, aber Engelbert, obwohl er den Winter nicht gemocht hat, wäre gerne gefahren.

In beinahe jeder Hinsicht sind wir anders gewesen. Wir haben nie gewusst, warum. Den Akzent von Mutter haben wir auch nicht als eigenartig empfunden. Erst, als in der Schule einmal gesagt worden ist: Eure Mutter ist keine Österreicherin, ist mir alles eigenartig vorgekommen. Aber ich habe mich ein halbes Jahr lang nicht getraut, sie zu fragen. Als wäre meine Mutter von einem anderen Stern gewesen. Und ich hatte Angst davor. Und als wir in der

Schule von fremden Kulturen gelernt haben und die Lehrerin dann gemeint hat, Engelbert und ich könnten etwas erzählen von den Menschen im Norden, da haben wir nicht gewusst, worauf sie hinaus will.
Allmählich hatte ich begonnen, Andeutungen zu machen, um eine Antwort von Mutter zu provozieren. Im Nachhinein weiß ich, dass niemand diese Andeutungen verstanden hat. Engelbert hat dann einmal direkt gefragt. Offensichtlich hatte er mehr als ich gewusst, und er hat gefragt, aus welchem Land Mutter käme. Und Mutter wollte darauf losreden, aber Vater hat nur böse geschaut. Und Engelbert hat keine Antwort bekommen. Und dann einmal, als Engelbert gefragt hat: Was ist ein Kommunist, hat er ein paar gewaltige Hiebe von Vater bekommen, mit dem Fuß, weil ihm ja der Unterarm auf der rechten Seite gefehlt hat. Und wir haben das Thema nie wieder angesprochen.

Und eines Tages haben wir plötzlich gewusst, warum wir immer einen baltischen Winter erlebten und unsere Mitschüler einen österreichischen. Nachdem sie sich hatte scheiden lassen, hatte sie uns ein paar Dinge angedeutet. Aber ehe sie eines Tages verschwunden war, vermutlich zurück in das Baltikum - wo sie Vater kennen gelernt hatte - hat Engelbert es geschafft einzugestehen, dass sie ihn nie hatte haben wollen. Und weil Engelbert das als eine Eigenschaft der Menschen im Norden aufgefasst hat, wollte er keinen baltischen Winter mehr erleben.
Ich hatte ein Problem, denn ohne Engelbert und verlassen von der Mutter gab es auch für mich keinen baltischen Winter mehr. Von Vater haben wir nicht mehr viel gehört.

Zwischen der Diele und dem Durchgang in der Küche hatte sich eine schmale Wasserlache gebildet. Michael stieg darüber hinweg. Er ging ins Wohnzimmer, holte eine Packung Kohlestifte und schrieb auf seinen Skizzenblock. Er dachte an den baltischen Winter und zeichnete den Dialog der Hasen. Der eine, der eine große Pfeife rauchte, sah aus wie Engelbert. Der andere, mit dichtem Fell und feingliedriger Statur, war er selbst. Mit ein paar Strichen malte er das Iglu, aber ohne Eingang. Er dachte daran, wie es gewesen wäre, wenn sie im baltischen Winter eingeschlossen worden wären. Und wie sich die Welt an diesem Tag weiter gedreht hätte. Rings herum donnerten die abbrechenden Schneebretter. Die Luft war starr vor Kälte. Und vom Hauch der beiden bildeten sich kleine Gerinnsel von Schmelzwasser.

Das Wasser tropfte von der Decke und füllte weiter die Wasserlache auf dem Boden. Erst jetzt fiel es Michael auf. Es kam in einem kleinen dünnen Bach die Wand herunter und tropfte von mehreren Stellen vom Plafond. Michael legte den Block auf den Boden, die Kohle daneben. Die Skizze war beinahe fertig. Er stellte sich vor, was die Hasen sprachen. Und einer erwähnte, dass es gut gewesen war, dass niemand wusste, woher Mutter kam, und der andere wurde aggressiv und entgegnete, dass er mit dieser Informationslücke nicht leben konnte. Er setzte sich noch einmal schnell und schrieb den Dialog mit der Kohle auf den Skizzenblock. Dann sprang er auf, ging zur Tür, sperrte auf und trat auf den Gang hinaus. Es war dunkel. Er lief die Treppe hinauf und läutete. Es dauerte, und er läutete wieder, da hörte er eine Tür knarren, und plötzlich einen schrillen Aufschrei. Die Nachbarin hatte vermutlich ge-

schlafen. Dann öffnete sich die Tür. Sie stand mit den Füßen im Wasser und Michael brauchte nicht mehr zu erklären, dass ein Wasserrohr gebrochen war und es bei ihm in der Wohnung tropfte. Ich rufe die Feuerwehr, rief er, und rannte hinunter. Und dann riefen beide die Feuerwehr, die Nachbarin und er. Und es dauerte knapp zwanzig Minuten, bis jemand kam.
Michael hatte kalte Füße bekommen auf dem Gang. Die Feuerwehrleute waren hektisch. Bis auf einen haben alle sofort ihren Einsatz in der Wohnung der Frau begonnen. Nur einer ist in Michaels Wohnung gelaufen. Michael hinter ihm. Und dann, als sie in die Küche kamen, hielt ihm der Feuerwehrmann seinen durchnässten Skizzenblock vor die Nase. Es ist noch nicht viel passiert, rief er, nur ihr Papier ist nass geworden. Michael nickte und nahm den durchweichten Block entgegen, hob die Kohle auf, die der Feuerwehrmann mit seinen Stiefeln unabsichtlich zertreten hatte, und bedankte sich, obwohl er nicht wusste, wofür. Legen Sie ein paar Tücher auf die nassen Stellen, sagte der Feuerwehrmann und war schon bei der Türe draußen.
Michael sah noch einmal auf das nasse Bild. Teilweise war die Kohle vom Wasser abgeschwemmt, er hatte nur mit leichtem Druck gezeichnet. Er legte das Bild und den Block auf den Küchentisch, nahm ein paar Geschirrtücher, legte sie auf die nassen Stellen und ging in das Vorzimmer, um die Wohnungstür wieder zu schließen. Alles in Ordnung?, fragte der Feuerwehrmann, schon halb von oben auf der Stiege, und Michael grinste ihm entgegen. Sie müssen das mit der Versicherung klären, meinte der Feuerwehrmann, mit Ihrer Nachbarin und der Versicherung. Ja, sagte Michael nur leise und schloss die Tür.

Engelbert, wo bist du?, dachte er sich. Und dann ist er stundenlang auf dem Bett gelegen und hat nicht schlafen können. Und er hatte die Idee davon, dass Engelbert eine ganz andere Kindheit gehabt hatte als er selbst, obwohl er ihn als die synchrone Version eines Bruders als Zwilling erlebt hatte. Und er meinte zu sich selbst, dass er diesen Gedanken zum ersten Mal hatte.
Dann ist er ins Bad gegangen, mitten in der Nacht, hat sich warmes Wasser über seine noch immer kalten Füße laufen lassen und ein paar Worte ohne Bedeutung vor sich her gemurmelt. Und obwohl Engelbert jetzt ganz woanders vermutlich endlich jemanden und etwas gefunden hatte, empfand er Mitleid für ihn, so wie er damals gelebt hatte als Zwillingsbruder. Und allmählich bemerkte er, dass sein Mitleid für den Zwillingsbruder wohl Selbstmitleid sein musste. Denn für jemanden in der Vergangenheit Mitleid zu empfinden, dem es jetzt gut ging, war unlogisch.
Der baltische Winter nach seinem Plan hatte nicht funktioniert, und auch wenn er in seiner eigentümlichen Romantik an seine Kindheit dachte, konnte er sich nicht erwehren, nun die Gewissheit zu haben, dass das alles nur seine Kindheit gewesen war und nicht die von Engelbert.

Michael hatte Angst. Er war allein, verließ das Badezimmer und zerriss in seiner Beklemmung die Skizze mit den Hasen. Er versuchte, weil alles gewesen ist und niemand von damals mehr da, selbst einen Schlussstrich zu ziehen, unter den baltischen Winter, die Hasen, die Angst vor dem Krokodil, die Mittsommerfeiern und die kindliche Unwissenheit. Und argumentierte alles durch, und wie man Nostalgie überwinden kann. Dann wieder meinte er, alles sei nur Selbstmitleid. Nach Stunden, und es war wieder Tag geworden, und er hatte geglaubt, er könne seine Wohnung für ein paar Stunden hinter sich und seine Vergangenheit ruhen lassen, stand er in seinem Atelier vor dem baltischen Winter. Er nahm das Bild ab und übermalte es. Er suchte bei Tizian, fand ein Motiv, das Bildnis des Ranuccio Farnese. Er skizzierte die Umrisse des jungen Farnese auf dem baltischen Winter. Mit Ziegelrot malte er die Konturen. Tizian hatte den Enkelsohn von Papst Paul III. so dargestellt, als hätte er vor, sich aus dem Bild zu entfernen, mit einem Blick, der schon den nächsten Schritt seitwärts symbolisiert. Und allmählich wurde in Michaels Bild aus den angefangenen Umrissen des Farnese ein Engelbert mit abseits gewandter Geste, so wie er seinen Bruder nun sah, und wie er vermutlich immer gewesen ist. Michael wollte nicht, aber er malte das Bild fertig.

Es war schon später Nachmittag und nebenan waren Leute. Michael hatte noch nichts gegessen. Er wischte sich die Hände an seiner Hose ab, hängte das Bild, das er eben fertig gestellt hatte, in zwei Meter Höhe und betrachtete es von der anderen Seite des Raumes. Er musste sich mehrmals drehen und erkannte, dass die Figur in seinem Bild, dem er keinen Titel geben wollte, aus jeder Perspektive abseits gewandt wirkte. Und während er die Perspektive mehrmals wechselte, dazwischen immer wieder länger in einer Position verharrte, wurde das Bild trocken und die Farben bekamen einen helleren Ton. Das Rot wurde schwächer und die Figur auf dem Bild wandte sich nach innen.
Engelbert glitt seitwärts aus dem Bild, und wenn man es schief platzierte, dann sah es so aus, als würde er kippen.

Michael neigte selbst seinen Kopf, kam aber nicht auf gleiche Linie mit der Figur in seinem Bild. Er war froh, dass ihm ein perspektivisch guter Wurf gelungen war, wusch sich und verließ das Atelier. Es war Zeit zu gehen, die Sache mit der Nachbarin und der Versicherung zu klären.

Zu Hause warf Michael die Reste der Skizze mit den Hasen in den Müll und hatte dabei ein schweres Gefühl im Magen. Er rauchte nach langem wieder eine Zigarette, trank ein Glas Wein, ein Glas Orangensaft und ein Glas Wasser, und steckte das Telefon, das er über eine Woche abgesteckt hatte, wieder ein. Dann kamen und vergingen ein paar Tage, ein paar Wochen, und irgendwann verkaufte er das Bild mit dem jungen Farnese. Und nach einigen Monaten, mitten im baltischen Winter meldete sich Engelbert zufällig, um das Geheimnis für einen Moment im Jahr eine Spur zu lüften. Dementsprechend hatte er also aufgehört ein Zwilling zu sein.

Alexander Peer

Vilnius. Nacht.

Spaziergang eines Fremden

Selten habe ich in einer Stadt mehr Grün angetroffen. Jeder Einwohner scheint seinen Kastanienbaum zu haben. Und jeder hat seine Kirche. Obwohl es heute nicht mehr möglich zu sein scheint, von jedem Punkt der Stadt aus vier Kirchen zu sehen wie es eine alte Anekdote behauptet. In den Vorstadtsiedlungen drängen sich die Plattenbauten so dicht aneinander, dass für den Glauben kein Platz mehr bleibt.

Sogar ein Atheist kommt ins Zweifeln, wenn er binnen zwanzig Minuten in die Kirchen von drei verschiedenen Konfessionen eingetreten ist. Zumindest beginnt er daran zu glauben, dass ein friedliches Nebeneinander von Gesinnungsgemeinschaften möglich sein kann. Das Paradoxon, dass jede Religion auf Dogmatik beruht und deswegen *per definitionem* nicht umhin kommt, eine andere Wahrheit auszuschließen, gleichzeitig aber andere Götter aus anderen *Konfektionen* wohl oder übel akzeptieren muss, löst sich langsam auf. Übrig bleibt das gemeinsame Wunder, überhaupt glauben zu können. Im Grunde geht es nur darum, dass der Tod dem Leben letztlich doch nichts anhaben kann.

Ich spreche ein äußerst lückenhaftes Jiddisch, das mehr auf die semantischen Gemeinsamkeiten von Jüdisch und Deutsch baut, mit einem Herrn, der viel älter zu sein scheint, als er Jahre schon gelebt hat. Seine Familie pflegte eine altösterreichische Tradition: Aus Galizien stammend, nach Wien gegangen und seinerzeit aus bekanntem Anlass in den Norden geflüchtet; Verwandte

gab es hier. Jedes dritte oder vierte Wort kann ich abgleichen mit meinem Wortschatz und davon ausgehend dem gesamten Satz eine Bedeutung zukommen lassen. Ein angeregtes Gespräch, denn ich muss tatsächlich jedes Wort wahrnehmen – könnte doch eines dabei sein, das für die Aufschlüsselung des Gesagten unumgänglich ist. Dabei habe ich noch den Weihrauchgeruch vom Besuch der orthodoxen Kirche in der Nase und schnupfe immer wieder vor mich hin. Der Rabbi will mir ein Taschentuch geben, aber ich winke ab, warte geduldig auf das Niesen und ziehe zeitgerecht ein altes Stofftaschentuch hervor, in das ich meine Nase stecke. Wir reden über Geschichte, seine Geschichte, lange zurückliegende, eben geschehene, bald eintretende. Dazwischen schildere *ich wer ich bin* (zumindest lasse ich ihn nicht im Unklaren in Bezug auf mein Unterwegssein). Behutsam frage ich ihn, freundlich antwortet er. Aber in der Freundlichkeit liegt Schmerz und ich höre auf, ihn zu bedrängen. Immerhin, eine der wenigen Synagogen Europas, die es geschafft haben.
Es mag eigenartig klingen, aber angesichts der tragischen Rolle, in die die Geschichte das jüdische Volk wiederholt gesteckt hat, sehe ich in der Existenz des Judentums ein wunderbares Zeichen der Größe des Lebens. Könnte diese Rolle nicht als Zuspruch für alle Unterdrückten und Verfolgten verstanden werden? Freilich, es müsste endlich ein Ende haben ... damit, erst dann wäre der Widerstand gelungen. Er nickt nur und wendet sich ab. Ich weiß, dass die Dinge kompliziert sind, deswegen habe ich ja eine Sympathie für einfache Sichtweisen entwickelt, zumindest was die mich umgebende Welt betrifft. Es reicht mir schon, die innere Welt als komplizierte Welt zu begreifen. Da ist es wohltuend, die äußere Welt möglichst

einfach handzuhaben. Auf dem Kopf trage ich aus Respekt vor der Umgebung die Kippa, in der Nase habe ich den Geruch der orthodoxen Kirche, und im Kopf schwirrt ein *Vater unser* und ich erinnere mich gerne an die ursprüngliche Version, in der es hieß *und führe uns in der Versuchung*. Was für ein Unterschied im Gegensatz zu dem von der Amtskirche zurechtgeschliffenen Unterwerfungsgelübde. Nie könnte ich mich jemandem anvertrauen, zu dem ich beten müsste „und führe uns nicht in Versuchung".

Sollen sich doch andere einen solchen Gott suchen, bei dem man nicht weiß, wie lange seine Gutmütigkeit anhält.

Als ich den Rabbi verlasse, dunkelt es bereits in der Pylimo Gatvé. Die Nacht tritt ihre zehnstündige Herrschaft an, dann gibt sie das Gebrauchsrecht an der Welt dem Tag weiter und so zanken sich die beiden schon seit geraumer Zeit um die Alleinherrschaft. Aber die Nacht beginnt hier anders. Das Gewölbe über der Stadt glänzt in einem kühlen, fast magischen Blau. Eine halbe Stunde lang scheint die Sonne unentschlossen, ob sie nun untergehen oder doch noch ein paar Minuten Anteil am Geschehen nehmen soll. Dabei bildet sich ein heller schmaler Streifen, der die Dunkelheit der Erde vom Blau des Firmaments abgrenzt, eine Art astronomischer Dichtungsring, der entweder das Einfließen des Blaus in das Schwarz oder umgekehrt, die Vereinnahmung des blauen Äthers durch die völlige Dunkelheit verhindert. Zumindest im Sommer ist es so. Im Herbst habe ich hingegen Tage erlebt, die sich vergeblich bemühten aus der milchigen Suppe hervorzukommen. Es war ein Nebel in Vilnius wie in Diskotheken.

Die Genickstarre ist einem beim Beobachten dieser Naturerscheinungen sicher. Während die Straßenhändler schon das Feld für die Bettler geräumt haben, sind die Gerimailäden willkommene Zufluchtstätten. Bis spät in die Nacht finden hier Wissensdurstige einen Anhaltspunkt für die nahe Zukunft. Jugendliche und Alte geraten in Konflikt auf den Straßen, weil sie um die lukrativsten Ecken kämpfen, um ihre Hand in bittender Weise an die Vorbeigehenden zu richten. Die Jungen versuchen meist mit einem mal gelungenen, mal bemühten Gitarrenspiel ein paar Centu zu bekommen, die anderen halten oft Rosenkränze ins Licht der Straßenlaternen. Da kann man dann auch ihre abgearbeiteten Hände gut erkennen. Sie murmeln einen meditativen Singsang, lullen sich ein. Es scheint keine Temperatur zu geben, die ihnen zu niedrig ist. Hartnäckig sind sie und nichts vertreibt sie von der Straße, ausgenommen vielleicht die örtliche Verwaltung. Die Alternative ist der unbemerkte Tod im lichtarmen Hinterzimmer eines lichtarmen Hinterhofes, wo Wasser ins Zimmer tropft, selbst dann, wenn es nicht regnet. Aber das ist selten, denn es regnet oft in Vilnius. Man könnte meinen, der Rest der im Himmel verbliebenen Sintflut wird allmählich über der Stadt ausgeschüttet.
Eben beginnt es zu regnen, als wäre ich der Souffleur für ein Stück namens *Vilnaer Nacht.* Ein Stück, das seit gut einem Jahrzehnt in einer Abwandlung gespielt und nun wegen außergewöhnlichen Erfolges verlängert wird. Die Besetzung liegt auf der Hand: Regen, Armut, dazwischen Neureichtum und ein ambivalentes Heimatgefühl, zwischen Patriotismus und diversen Ängsten ... die klassische Mischung, die einen kleinen Staat heute in Europa ausmacht. Als Kulisse denke man sich Gebäude,

die sich nicht entscheiden können, ob sie zukünftig im unnahbaren Business-Outfit auftreten oder in der gewohnt schäbigen Verfallenheit verbleiben wollen.
Ein besonders hartnäckiger Bettler geht den halben Gedimino Prospekt hinter mir her, please, please, change, please centu, centu, just for one meal, please, I buy sandwich, please ... Ich gehe schneller, dann noch schneller, schließlich laufe ich.
Bleibe dann erschöpft und schon leicht angefeuchtet stehen. Die Hände einer etwa 75-Jährigen strecken sich mir entgegen. Ich habe sie gar nicht bemerkt. Die Hände sehen so aus, als wären sie mit Gerbstoffen bearbeitet worden. Sprödes Leder, brüchig bereits, das um Knochen gespannt ist, an denen die Gicht ganze Arbeit geleistet hat. Wie seltsam, dass das alles noch zusammenhält, die Knorpel und Knöchelchen, ein dunkles, fast verbranntes Braun, dazwischen hellrosa Flecken. Rasch gebe ich drei Litas und beutle mich. Es tut manchmal ziemlich weh, ein besseres Leben zu führen. Schmerzen, die ich gerne behalte.

Bald habe ich den Unabhängigkeitsplatz erreicht, nicht immer ist der Platz so berauschend gefüllt wie 1991, als ein Symbol des so genannten gewaltlosen Widerstandes geschaffen wurde, indem sich Hunderttausende versammelten und ihre neue Regierung und Staatsform verteidigten. In einem Zeitalter, in dem es keine Öffentlichkeit ohne *Medialisierung* gibt, ist es nur selbstverständlich, dass etwas, das aus tiefster Authentizität geschieht, sich ohne viel Zutun und ohne Einflussnahme zu einem Klischee entwickelt. *Medialisierung*, das könnte man sich so vorstellen, *ein Bild* wird vielleicht zehnmal hintereinander im Fernsehen ausgestrahlt (am besten natürlich weltweit) und plötzlich ist es kein Ereignis mehr (kein, so seltsam es klingen mag, *singuläres Ereignis*). Es ist vielmehr ein Abziehbild für eine Haltung geworden, das heißt ein Ritual, an dem man glaubt, die Identität eines Landes festmachen zu können. Eines Landes, das bislang nur als Bezirk des ominösen Ostblocks gegolten hat. Die Welt scheint nach solchen Abziehbildern der Wirklichkeit zu gieren. Zu solch einem Symbol wurde auch die singende Revolution. Fast unbemerkt verschwindet die Wirklichkeit hinter einem Stereotyp. Das wirkliche Leben in einem Land wird durch das Stereotyp ersetzt. Singen hin oder her, auch hier in Vilnius gab es Tote, erzielte die Revolution ihre übliche Rendite in Form des Blutzolls.

Ich pfeife ein Lied und mutmaße, dass ein Historiker sich die Assoziation nicht verkneifen könnte, dieses Pfeifen habe etwas mit dem vor gut zwölf Jahren hier aufgetretenen Massenchor zu tun. Ich muss zugeben, ich weiß nicht, warum ich pfeife oder warum ich gepfiffen habe, vielleicht hätte dieser geisterhaft-geistreiche Historiker also durchaus Recht; ich kann nur sagen, mir war eben gerade danach. Da ich beim Pfeifen aufs Denken pfeife, pfeife ich gern.

In der Luktiskiu Gatvé gerate ich in ein Nachtlokal, das es auf vorbildliche Weise geschafft hat, Lenin einen Platz in der Popkultur zu sichern. Der Innenraum in aufdringlichem Marxismusrot. Die russische Ikonographie leistet ganze Arbeit, Lenin bei einer Rede, Lenin in einer Fabrik, Lenin in der Oper, Lenin in wilder Diskussion, Lenin ohne Ende. Es gibt ja die Geschichte einer Rede Lenins, wo einer der zuhörenden Arbeiter gemeint hat, dass es ja sehr schön sei, was Lenin sage, aber in Wahrheit trage er

einen warmen Pelz und habe anscheinend genug zu essen. Darauf soll Lenin gesagt haben, dass er ihn falsch verstehe, er wolle nicht, dass er, Lenin, zu ihm heruntersteigen soll, sondern dass er, der Arbeiter, zu ihm heraufsteige.
Schöne Geschichte, will heißen eine gute PR-Aktion. Ich stelle mir vor, wie jeder, der Lenin zuhört, zu ihm aufs Podest steigt ... ziemlich eng wird es da oben, ganz schnell geht das. Auf einmal gibt es niemanden mehr, zu dem Lenin noch sprechen könnte, alle Zuhörer stehen mit ihm auf dem Podest. Jeder hat jetzt ein Mikrophon und jeder schreit jedem seine Agitationen zu.

Ich bestelle ein Bier, beobachte die traurige Gesellschaft. Eine latente Aggression tarnt sich in einer recht vordergründigen Depression. Über die Wechselwirkungen von Aggression und Depression ist mein Denken über jeden Zweifel erhaben ... die beiden kommen ohne einander nicht aus.
Seit zehn Jahren schon gibt es dieses Lokal, gleich nach der Wende entstand es aus dem Schutt der Geschichte und den Reliquien eines KGB-Gebäudes.
Es wird einmal schwer sein, sich zu erinnern. Es wird einmal schwer sein, die Geschichte so einzuteilen, in Kategorien wie Krieg, Besetzung, Wende. Das wird zurückliegen wie ein fremder Teil und keiner wird sich dafür interessieren. Interessieren wollen, interessieren können. Hier aber, in diesem sich um Lebendigkeit bemühenden Leninmausoleum, kämpft ein schrulliger Geist um eine Art Asyl im Gedächtnis der Menschheit. Es hat eine besondere Ironie, dass gerade in einer Diskothek, in der amerikanischer Musikschrott, Bier, das in Besitz einer ausländischen Kette ist, und Zigaretten eines Global

Players angeboten werden, Lenin überleben soll. Es machte keinen Unterschied, würde statt Lenin das Konterfei von Elvis Presley auf mich starren, hundertfach. Ich kann es verstehen, dass man das Bild eines geliebten Menschen aufhängt, aber das habe ich noch nie verstanden, Poster von Fußballern, Rocksängern, Politikern ... oder Religionsführern, welch mühseliger Versuch, die metaphysische Obdachlosigkeit zu bedecken.

Beim Zahlen denke ich daran, dass es hier in Litauen eine Schriftstellerin geschafft hat, ihr Antlitz auf einem Geldschein zu hinterlassen, Julia Zymantiené, die Frau am Ein-Litas-Schein. In Österreich kamen fast nur Nobelpreisträger auf die Scheine. Was heißt fast, mindestens Nobelpreisträger. Für den einzigen österreichischen Autor, der Nobelpreisträger wurde, nämlich Elias Canetti, gab es einfach keinen freien Schein mehr (den 10.000er haben wir nicht mehr abwarten können). Und wenn es freie gegeben hätte, dann stünden da mutmaßlich gut hundert Personen aus der Wiener Moderne vor Canetti, andächtig ihrer Verewigung auf dem einzigen wirklich Wichtigen harrend.

Für Litauen scheint aber die Selbstbestätigung noch eine andere, fast schon österreichische Dimension angenommen zu haben. Kein Geschichtsbuch vergisst auf die Piloten Darius und Girènas, die 1933 von Amerika nach Litauen, genauer gesagt nach Kaunas, fliegen wollte. Zugegeben etwas Bemerkenswertes. Sie schafften es jedoch nicht, fairerweise muss man bekennen, nicht ganz. Sie stürzten etwa 400 Kilometer vor dem Ziel in der Nähe von Soldin auf polnischem Gebiet ab (das damals allerdings im Besitz der Deutschen war); wenn man so will,

beweist damit die Geschichte ihren Sinn für schwarzen Humor. Das Groteske scheint mir aber der Wert zu sein, den man diesem Ereignis beimisst. Als stünden die beiden Piloten, wo in den Ländern Westeuropas seit gut fünfzig Jahren vornehmlich Sportler stehen, nämlich auf dem imaginären Denkmal der nationalen Idee. Der Olympiasieger ist eben einer von uns, freilich bin ich noch nie mit ihm essen gewesen, aber na gut. Aus Mangel an der Eigenständigkeit müssen also jetzt diese Menschen herhalten, mit dem, was sie taten oder versuchten, um so etwas wie eine geschichtliche Autonomie zu bestätigen. Ja, es gab Litauen, ja es gab Litauer! 1993 wurde dann tatsächlich ein Denkmal für die beiden Atlantikflieger errichtet; ein Denkmal, das vielleicht auch das bedeutet: Seht her, auch wenn noch so viele Opfer durch die alternierenden Regimes zu beklagen sind und sich am Schluss keiner mehr ausgekannt hat, wer nun ein Guter und wer ein Böser war, weil diese Rollen sich permanent vertauscht haben, wir haben trotzdem ein paar Überflieger hervorgebracht.
Ich schlendere die Neris entlang. Die Marienkirche scheint im Mondlicht und blickt wie eine Übermutter auf mich herab. Anfangs meiner Beschäftigung mit der Ostkirche schien es mir noch so zu sein, als wäre der Stellenwert des Weiblichen attraktiver als im Katholischen, bei genauerem Hinsehen jedoch war bald klar, dass auch die orthodoxe Kirche auf patriarchalem Gedankengut fußt: Der Mann ist der Geist. Dabei wäre der Gegensatz zum Patriarchat nicht ein Matriarchat, das sich in einem bloßen Geschlechtertausch bei der Rollenverteilung erschöpft, sondern eine positivere Besetzung solcher Eigenschaften wie Empfindsamkeit,

Intuition oder Körperlichkeit. Schluss mit der Wissenschaftsgläubigkeit, dem durch unsere Zivilisation manifesten Endlichkeitsdenken und dieser hoffnungslosen Durchrationalisierung sämtlicher Lebensformen! Mein russischer Freund schüttelt mitfühlend den Kopf, er hat kein Wort verstanden. Ich gebe zu bedenken, dass es um diese Uhrzeit durchaus erlaubt ist, den bescheidenen Rest jugendlichen Aufbegehrens zuzulassen. Die drei Bier sind im Übrigen auch nicht schuldlos an meiner Polemik.

Mit einem Taxi gelange ich in die Pilies Gatvé. Im Café du Paris bestelle ich ein weiteres Bier und nerve die Kellnerin, indem ich sie über ihren Verdienst und ihre Lebenspläne ausfrage. Mein Bier kostet mehr als sie in einer Stunde verdient. Ich trinke es bedachtsam, fast zeremoniell.

Innezuhalten auf einer Reise ist fast ein Unmögliches. Nicht nur der dauernde Wechsel, die ständig fordernden Eindrücke und die stete Unvertrautheit mit den Orten und den Menschen verhindern das kontemplative Sich-Zentrieren. Auch die Strapazen einer Reise sind andere als die Strapazen des reglementierten Lebens. *On the road*, dann und wann eine halbstündige, heiße Dusche oder eine Art gedankenloses Bei-sich-Sein in einer namenlosen Bar.

Das hat aber gar nichts mit dem Innehalten zu tun, das ich angesprochen habe.

Das Innehalten kann erst nach dem Ausrasten eintreten und bedeutet, eine innere Aufmerksamkeit bei gleichzeitiger Geborgenheit zu erleben. Man kann die Reise vielleicht als Ganzes als Innehalten bezeichnen oder als kontinuierlichen Weg dorthin, schließlich hebt sich die Reise ab von der gewohnten Lebensgestaltung. Sie hilft

damit, diese zu reflektieren oder sie eine Zeit lang verschwinden zu lassen. Aber damit würde man wieder dem Momenthaften des Innehalten nicht gerecht werden. Und schließlich besteht Reisen ja fast immer aus Momenten, auch Abenteuern, die gewiss nichts mit Innehalten zu tun haben. Zuweilen Exzessives. Am nächsten Tag freilich eine andere Art Innehalten, ein schlichtes Ausnüchtern.
Also, worum geht's denn nun bei diesem so metaphysisch anmutenden Innehalten?
Bewusstwerden über die mystische Dimension der eigenen Existenz? Vielleicht, ja.
Die gleichzeitige Erfahrung von intensiver Anteilnahme und dem Erkennen, dass alles vorbeigeht, man letztlich nichts behält. Das also ist das Innehalten, das verlangt, sich genau zu überlegen, was man denn will, warum man es will und wie man es anstellen soll, es zu bekommen.
Reisen heißt, sich ständig neu zu verlieben. Mal ist es diese Stadt, dann jene, ein Lokal wie dieses, eine Kirche wie die Annenkirche, ein Weg vielleicht oder ein Telefonapparat, mit dem man nach Hause telefoniert, bloß um zu sagen, dass es einem gut geht. Nichts ist sicher vor dieser Liebe, die der Reisende willkürlich verteilt.
Das Lokal leert sich. Ich zahle, gehe. Ich komme am Denkmal für Adam Mickiewicz vorbei und wundere mich, warum Denkmäler errichtet werden? Natürlich kann ich mir dazu etwas Vernünftiges denken, aber das einzige, was lohnt als Denkmal errichtet zu werden, ist doch die Überwindung der Vergänglichkeit. Nur, wie soll man die darstellen?

Erwin Uhrmann

Verschollen im Sporadium

Kurzgeschichte

Mein Name ist verschwunden, weil ich die Zeit hatte, ihn zu vergessen. Ein Körper wartet am Grenzübergang Narva-Ivangorod an der estnisch-russischen Grenze.

Und wenn er jetzt auf die weit entfernten Uhren hinter den Zollschranken schaut, vergisst er sich selbst und die Zeit, die hinter den weißen abgeschürften Balken liegt. Und dann und wann muss er sich hinter die Abgründe auf den gelbbraunen Boden begeben, der ihn – weit entfernt – getragen hat. Schwer wie Gold ist er für die Zollbehörden und genauso verboten. Und weil es vielleicht der perfekte Tag ist, sinniert er hinter den Gittern der Resignation, den Tod etwa herbei wartend.
Die schweren Mäntel der Wachen wehen im metallbeschwerten Wind. Es elektrisiert dich hier an jeder Eisenstange. Geschluckt hat er hier nach jedem Meter. Wie ein Weg durch Misteln und graue Sträucher in seiner Kindheit und doch war es nur eine Traumlandschaft. Und jetzt ist es ein Trost - obwohl er den nicht braucht, weil alles Realität ist - dass die Realität im Kopf oben entsteht. In seinem und in jenem von anderen. Und dass es andere Realitäten gibt als die seine.

Die Fliesen rollen ihm spiegelnd entgegen und seine Schritte knirschen auf den Holzdielen. Aber schnell setzt er sich wieder, denn auch Bedürfnisse kann man aufschieben. Und kalt haucht ihm die schwere Eisentüre entgegen, die ohne seinen Einfluss auf und zu geht, und so

lange geöffnet und geschlossen bleibt, wie es dem Ermessen einer anderen, einer ganz anderen Realität, die in einem ganz anderen Gehirn entstanden ist, gefällt. Er denkt sich seinen Namen: Alexander. Er denkt sich seine Wohnung in Sillamäe. Er denkt sich seinen Beruf: Lehrer. Alexander ist schwarz. Sillamäe ist beige und braun und gelb. Lehrer ist flimmernd grün. Alles hat eine Farbe. Die Grenze ist hell, die Farbe hier sieht man nicht, es ist zu hell, denkt er.
Dann denkt er weiter, an die Kinder seiner Schwester in Jekaterinburg. Kenne ich nicht, denkt er sich. Er denkt an seine eigene Kindheit: pastellgrün. Dann landet er mit einem alten russischen Raumschiff in Sillamäe, nach seiner Kindheit, am Anfang hat die Stadt noch die Farbe und den Geruch von roten Ziegeln, weil die ganzen Häuser in der Neustadt aus roten Ziegeln gebaut worden sind.

Er muss wieder hinaus schauen. Das alte zerfranste Netz unter den Schranken spielt im Wind und wenn er den Blick auf die Schranken richtet, dann denkt er gerne an die offenen Zeiten, denn einmal war es, da musste er nicht diese Grenze passieren. Vielleicht hatte er früher an alles andere gedacht. Und das war damals, als er hier passierte, ohne zu stoppen, in einer klaren Nacht. Hell und doch Nacht, so wie es nur im Norden ist. Und wenn er die Augen zusammenkneift, dann ist die Nacht jetzt, mitten im Februar, obwohl eisig und verwindet, auch weiß, flimmernd mit schwarzen Flecken. Dazu muss er nur in die Lampe, die helle Lampe, schauen, und dann ist kurz alles zu hell, als dass man irgend etwas sehen könnte.

Er sitzt in einem Raum, groß, fast eine Halle, im hinteren Drittel. Er sitzt auf dem einzigen Sessel, der im Raum steht. Meistens ist sein Blick hinaus zum Fenster gerichtet, wo jeder Schritt über die Straße donnert. Feste Schuhe auf beißendem Eis, knirschend und schallend. Welch ein Augenblick auch immer es ist, da er sich nicht mehr entschließt, hinaus zu sehen, er wird doch zumindest vom Ticken der lauten Uhr wieder in eine Richtung abgelenkt, und so ist der große leere Raum für ihn nicht existent. Wahrscheinlich erst dann, wenn von vorne jemand die Tür öffnet, denn sein Platz ist ganz hinten. Und tritt ein Uniformierter ein, so muss er ihn durch den ganzen Saal hindurch auf sich zukommen sehen. Zuerst ist dieser nur ganz klein, am anderen Ende des Raumes, und dann mit lautem Knirschen der Schuhe und dem eisigen Windhauch von draußen, der ihn schnellstens ereilt, steht er bald riesig und mächtig vor dem Sitzenden. Und ist übergroß.
Das ist für ihn aber nicht mehr als eine Feststellung, eine analytische Feststellung der Proportionen im Raum und deren psychologischen Nutzung zur Einschüchterung. Denn spätestens als man den Sessel ganz hinten im Raum aufgestellt hat, weiß er, dass man Macht zeigen will. Vielleicht ist es auch immer noch bedrohlich, obwohl man sie durchschaut hat, das fragt er sich selbst vermutlich. Aber er wird diese Frage nicht beantworten. Weil andere es vielleicht tun würden, wenn die Schritte donnern und die Mäntel rascheln und die Figuren sich aufblähen, aber er wahrscheinlich nicht.
Die kenne ich, denkt er sich. Und sie haben dieselben Mäntel an wie damals, dieselben Mützen auf, denselben Gesichtsausdruck, nur jünger vielleicht. Er wartet auf eine Frage, vielleicht nur eine angedeutete. Nichts.

Irgendwo hat ihn ein zu heller Scheinwerfer draußen an die Traktoren im alten Dorf erinnert, und wie sie bei Nacht mit diesem hellen Licht unterwegs waren. Seine eigenen Füße haben ihn veranlasst, weil er fror, an die Winternächte bei der Tante zu denken. Eine verstimmte alte Dame, die den Kindern mehr Härte als sie hatten, zumutete. Und dann ist es wieder ein Urlaub auf der Insel Saremaa, der ihn beschäftigt. Er überlegt die Entfernung. Nicht weit. Dort die Insel, hier die Grenze. Dort das Meer, hier das Festland. Dort die Menschen, hier die Uniformen. Und er schlittert in Gedanken hin und her, zwischen Sommer und Winter, Urlaub und Grenze. Warten und Gehen.

Und dann wieder nichts, und wieder Farben. Ungefähr das musste er gedacht haben, als die Männer draußen die schweren Lastwägen abschritten und ihn dadurch wieder kurz herausrissen. Er interessierte sich nicht für das, was vor dem Fenster vorging, aber jede Bewegung um ihn veranlasste trotzdem seine Aufmerksamkeit. Und wenn er ihnen bei der Kontrolle zusah, kam ihm schnell die Idee, aufzustehen, nur um im Raum herumzugehen, obwohl man ihm das eigentlich verboten hatte. Aber daran dachte er gar nicht.

Der Sessel bewegte sich keinen Millimeter, als er aufstand, knarrte nicht und rückte nicht. Dann stiefelte er durch den großen Raum, ein sporadisches Gebilde, für keinen eigentlichen Zweck längerfristiger Beherbergung gedacht. Ein Provisorium, vielleicht wenige Jahre alt oder viele.
Erst jetzt, als er durch den Raum ging, stellte er fest, dass sich um seine Stiefel eine Wasser- und Schmutzlacke ge-

bildet hatte. Er war durch Schnee und Matsch gegangen draußen.
Zumindest war es nicht so kalt im Raum, denn die Dinge konnten schmelzen, das dachte er. Aber die Kälte war trotzdem kalt. Und er verstand das, weil ein Sporadium sicherlich unbeheizbar war, wahrscheinlich nicht einmal der Versuch unternommen worden war, es zu beheizen. Aber wie in Höhlen konnte die Temperatur vielleicht auch hier nicht unter Null gehen, dachte er.
Eigentlich hätte er still sitzen müssen. Gekonnt schlüpfte er an den Fenstern vorbei, aber von draußen sah niemand herein. Wie Maschinen hatten die jungen Grenzwachen ihre Blicke auf ihr Untersuchungsobjekt draußen, doch nicht auf das große Fenster und den Raum innen gerichtet. Er schritt ein Sporadium ab, ein Gebäude, für das er keine Emotionen empfand. Der, der es gebaut hatte, hatte es zweckmäßig errichtet. Ein Gebäude ohne Namen und ohne Einrichtung. Vielleicht ohne Seele, ohne Bewohner, ohne Ohren und Nase und Mund. Er atmete und wusste, dass das Gebäude seine Luft nicht halten konnte, auch Wärme nicht oder sonst etwas.

Und dann saß er wieder auf dem Sessel, die Schuhe in der Lacke. Vielleicht wäre es egal gewesen, hätte er den Sessel verschoben, aber ihm war es auch egal, wo er saß. Und er blieb passiv. Und hörte für ungefähr eine undefinierbare Zeit auf zu denken, was ihn aber nicht daran hinderte zu leben.

Dann überkreuzte er die Füße, streckte sie aus, und es tat ihm sehr gut die lange gebeugten Füße zu strecken. Um dieses angenehme Erlebnis zu erfahren braucht man nur

einen Raum und einen Sessel, und beides hatte er. Wenn auch gleich wieder die Kälte in den Zehen durchstieß, aber kurz war die Situation verbessert erschienen. Obwohl er eigentlich unabsichtlich seine Situation verbessert hatte.
Vor dem Fenster war es zeitweise still, und er dachte daran, dass man ihn vielleicht vergessen haben könnte.

Alexander Peer

Der Rosengarten

Kurzgeschichte

Als man ihr das Kind hinhielt, war Barbara erdrückt vor Glück. Ein Junge. Blutrot zappelte er vor ihren glasigen Augen. Er schrie und sie meinte alles von seinem Vater darin wiederzufinden. Der kam Anfang der 40er Jahre hierher. Weit weg war er von zu Hause und bald würde er noch weiter weg gehen, vielmehr fliegen. Ihre Tante fand in ihm einen besonderen Gesprächspartner, sie sagte einmal, es müsse so ausgemacht worden sein, dass sie sich hier träfen, er aus Südtirol, sie aus Vilnius. Ob es wohl auch ausgemacht war, dass sie sich bald voneinander verabschieden mussten? Sie fanden keine Zeit dies zu erörtern. Es wäre schön gewesen, in Dresden ein Leben verbracht zu haben. Dachte er, kurz bevor er jene verhängnisvolle Bremsung vollzog.

Hans hieß er und Pilot war er. Er brachte Barbara den Walzer bei. In einer aufgelassenen Scheune, in der die aufgestellte Öllampe wie Kristall-Luster strahlte und ein Grammophon das Fehlen der Philharmoniker vergessen machte. Hier also griff er erstmals an ihre Taille. Ein Griff, der deutlich zwischen Verunsicherung und Begierde lag. In jenem ungelenken Zupacken lag eine Offenbarung und Barbara lachte in sein kontrolliertes Gesicht. Da schmunzelte er, aber auch das schien willkürlich. Eine strenge Stirn blieb bis zum Ende in seinem Gesicht.

Die Truppen waren hier zusammengezogen worden, um aufzubrechen, den Osten Stück für Stück abzutragen und seine bolschewistische, zaristische oder auch orthodoxe Erblast in einem Gebet aus Maschinengewehrsalven und Handgranaten sowie mit allerhand anderen Exerzitien zu sühnen. Hans küsste sie. Bald hatte er es verstanden anders zuzupacken. Seine Backenknochen traten hervor, ihr lief eine Träne über das Kinn, diese tropfte auf den Steinboden des Flughafens, noch bevor er das Flugzeug bestieg. Nein, geweint hat er nie, fiel ihr ein, dabei ein linkshändiges Winken gegen den Wind. Mit der anderen hielt sie sich den dicken Bauch.

Es war sein erster Geburtstag gewesen. Hermann hieß er. Er schrie nun nicht mehr unentwegt, vor allem heute nicht. Blutrot war er schon gar nicht und dankenswerterweise sollte er es nie wieder werden. Man hatte eine Torte gebacken, doch die eine Kerze konnte niemand mehr anzünden und ausblasen. Es schrillte furchtbar und noch bevor er sein Geschenk entgegennahm (ein Teddybär, braun), wurde er mitgerissen von den Seinen, in den Keller gebracht, mit Decken verhüllt und mit tröstenden Sprüchen gestreichelt. Er zitterte. Man hatte sich diesen 14. Februar 1945 anders vorgestellt. Wie? Man vergaß es allmählich, wusste nichts, nur anders hätte es eben sein sollen. Und eine wegwischende Handbewegung bildete für viele Jahre den einzig möglichen Umgang mit diesem Stück Erinnerung.
Als Hans aus dem Baltikum zurückkam, fand er keine Tante mehr vor. Und er begann sich alles über Vilnius und die wunderbaren Sommerabende an der Kurischen Nehrung vorzustellen, führte die Konversation mit seiner Phantasie statt mit der Tante. Sie hatte Andeutungen gemacht, die nun in seinem Kopf zu einer Biografie aus-

wuchsen. Aber diese Geschichten klangen bald in ihm nach wie ferne Jugenderlebnisse und er spürte, dass es so etwas gab, ein Alter. Die Phantasie lieferte bald nur noch blutleeres Fleisch, luftige Schlösser, in denen keiner leben wollte oder konnte. Noch ein Stück ernster geworden im Ausdruck und gleichzeitig unkontrollierter war er, weil eine Traurigkeit an die Oberfläche seines Körpers trat, die man spürte, wenn man ihn berührte. Sein Sohn verstummte oft in seiner Gegenwart. Hans blieben nur Chiffren eines einst reichen Lebens, dieses jüdische Vilnius war so eine. Je mehr jedoch die Wirklichkeit die Erlebnisse von Barbaras Tante zu verspotten trachtete, desto stärker wirkte die Chiffre. Und Hans verstörte das. Wo kann man denn noch bleiben, wenn Wirklichkeit und Phantasie gleichermaßen unbehaglich sind? Das Ende vom Krieg brachte auch kein Ende. Alles schien sich verändert zu haben, gleichzeitig konnte keiner mehr sagen, wie es vorher war. Die Familie beschloss, Dresden, ja Deutschland zu verlassen. Tabula rasa. Aber wem gelingt das schon?

Hermann ging gerne in die Peterskirche. Immer wenn die aufreibende Internatserziehung eine Auszeit erlaubte, verbarg er sich in dem dunklen und dennoch erleuchteten Gebäude, starrte auf die Gemälde von Heiligen, die Abbildungen der Kreuzwegstationen und verfluchte sein junges Unglück. Wie gerne hätte er mit dem Vater gesprochen, über Dresden, auch über Südtirol, über das Weingut, über die durch sein Erwachen entdeckte Schönheit, die Schönheit auch des Guts von seines Vaters Eltern. Hier hatte er erstmals eine weibliche Brust mit einem zunächst skeptischen, dann festen Griff gepackt

und auch das, was folgte, war eine Premiere. Diese überzeugte so sehr, dass er dieses Stück in den festen Spielplan seines Lebens aufnahm. In einem Jahr würde er die Schule beenden, was dann?
Wer sollte ihm die Antwort geben, wenn nicht sein Vater? Es war seltsam. Alle, die einen Vater hatten, klagten darüber, dass dieser ihnen vorschrieb, was sie zu tun hatten. Er hingegen ersehnte nichts deutlicher.
Die Unterrichts- und Studierzeiten beanspruchten beinahe den ganzen Tag für sich, sie nahmen die Zeit in Besitz, machten Hermann zu ihrer Geisel. So wie jede Geisel, die ihre Täter fürchtet, aber ein stets wachsames Auge nach Fluchtmöglichkeiten aufbringt, lugte Hermann verstohlen aus den Fenstern des Internats in dieser entrückten, weil künstlichen Stadt, die so viele Leute anzog, dass man sich nicht mehr sicher sein konnte, was künstlicher war, die Stadt oder die Leute.

Einmal sah er ein Mädchen. Und es war eine jener Eingebungen, die, falls ihnen nicht nachgegeben wird, als ewiges Versäumnis im Gedächtnis haften. Dieses Ein-Blick-Ein-Gefühl-Szenario, das später, in gehobenerem Alter, großteils biologisch zu erklären ist, bei einem 17-Jährigen aber noch die Unschuld des Welteroberns hat, ein durchaus gewaltfreies, liebevolles Welterobern. Charlotte wusste nichts von jener überbordenden Wirkung, die sie ausübte, und wenn, dann wäre aus den beiden vermutlich nie ein Paar geworden. Aber vorerst war es nicht so weit, vorerst war das nur eine Elfin aus einer anderen, ja mystischen Welt, die dort jenseits des Internatsterritoriums auftauchte. Und Hermann grübelte, ob womöglich sein Wunsch dieses Mädchen dorthin gesetzt hatte, es tatsächlich gar nicht existierte und die Wirklichkeit ihn später einmal mehr enttäuschen würde, dann, wenn er hingehen und es ansprechen würde. Und sich die Elfin dann entweder in nichts oder etwa in wenig mehr, vielleicht ein Werbeplakat, auflösen würde. So gerne hätte er das jemandem mitgeteilt, so gerne hätte er einen Vater gehabt, der für ihn da wäre. Aber Hans war schon einige Jahre zuvor gestorben, auf der Bundesstraße von Salzburg nach Golling-Abtenau.

Barbara hielt sich geschickt, wurde aber zusehends eine blasse Frau. Neben Hermann war da noch ein Franz, der nach Essen verlangte. Sie führte einen Tabakladen und über vier Jahrzehnte schickten ihr ihre Bekannten sämtliche Briefmarken, die jemals im Staat DDR entworfen und gedruckt worden waren. Nach ihrem Tod vermachte sie mir, dem Enkel, das fünfbändige Konvolut und ich trug es zu einem Schätzmeister, der eine Erwartung, die ohnedies durch Skepsis torpediert wurde, vollends enttäuschte.

Immerhin blieb mir so viel, um mir ein kleines Häuschen zu bauen, nicht einmal der doppelte Diminutiv vermag hinreichend die Winzigkeit zu veranschaulichen; ein Schritt und man war in der Mitte des Häuschens. Es stand auf dem Grundstück, dass Fritz mir hinterlassen hatte. Jener Fritz, der eines Tages verblüfft nach seiner Tochter rief, als sich ein Hermann Buchbinder mit einem sichtlich entliehenen, weil übergroßen Anzug und einem bereits auszutrocknen drohenden Blumenstrauß nach Charlotte erkundigte. Als Charlotte kam, hielt Hermann Fritz die Blumen hin, denn er wollte Charlotte umarmen. Fritz nahm die Blumen und stand etwas überfordert neben dem sich anhimmelnden Paar, in dem er seine Tochter verschwinden sah. Charlotte, Charlotte ... rief er beinah, sie drehte sich um und fragte, was ist denn, Papa? Ich war oft bei Fritz. Er war ein Großvater, wie es ihn aus alten Filmen gab. Tatsächlich waren die Filme nicht viel älter als er. Er fuhr als Handlungsreisender die Woche über durchs Land und hatte zeitlebens auf Grund seiner uneinsichtigen Ehrlichkeit ein bestürzendes Einkommen. Es schaffte es nie, eine Ware ohne Nachteil darzustellen. Er ließ nachdenkliche Menschen bei seinen Verkaufstouren zurück. „Wir überlegen uns das noch", war der Satz, den zu hören ihn reich gemacht hätte, erhielte er tatsächlich für jedes Mal, wenn er ihn hörte, eine Mark, wie er es sich einmal wünschte. Zum Glück hatte er auch Waren in seinem Sortiment, die sich trotz seinem Gerede einer starken Nachfrage erfreuten. In seinem Garten züchtete er Blumen. Die gelungenen, das heißt, schönen Sommerwochenenden verbrachte er schwitzend und also stöhnend und ferner fluchend in seinem Garten. Die roten, gelben, weißen und auch rosafarbenen Rosen ließen einen erstaunlichen Ehrgeiz in ihm erblühen. Einen besonderen Argwohn hegte er jedoch gegenüber den winzigen Punkten, die die Stängel und Blätter der Pflanzen okkupierten. *Rosenblattrollwespen*, wie er einmal dem sechsjährigen Knaben erklärte, der ihm, von der Hängematte aus, leicht wiegend, zuschaute. Mit jenen großen Augen, die noch nicht alles gesehen haben, verfolgte der Knabe die futuristische Verkleidung, in der Fritz zusehends verschwand, ein im übrigen alleinstehender Mann, der gewöhnlich nicht zu Späßen aufgelegt war. Dann, ganz ein Statist von Mondbasis Alpha 1, stakste er ungelenk von Pflanze zu Pflanze, eine schwere

Taucherglocke auf seinem Rücken tragend. Schon sprühte er förmlich über. Mit einem feinen Strahl versah er jede Pflanze. Jahre später wunderte ich mich, dass ich, keine fünf Meter von ihm entfernt in kurzen Hosen und T-Shirt, schaukelte. Offenbar machte mir Gift schon damals nicht viel aus.

Der Garten war einsam, als ich ihn nach Jahren wieder betrat. Oder war ich es? Die Einsamkeit ist nie allein, sie hat immer jemand, der sie empfindet. Der Boden war plattgetreten, das Gras welk, ein Teppich voller Schmutz. Ein Frühling traute sich am Mantel des Winters zu zupfen und streifte diesen ab, der Himmel legte leichteres Gewand über. Unschlüssig stand ich da. Die Rosenstöcke glichen der Igelfrisur eines Punks. Die Äste standen empor, es zeigten sich kleine Farbtupfer, die Ahnung kommender Knospen und eines späteren Wunschgartens. Die Formalitäten waren alle erledigt und erst jetzt durfte der Schmerz zu seinem Recht kommen. Vorher blieb er unter dem dünnhäutigen Schirm der Funktionalität verwahrt. Hermann und Charlotte waren Vater und Mutter, waren ... Es gab viel Besuch, viele Hände hatte ich geschüttelt und ganz spät am Tag fragte mich ein entfernter Verwandter, wie es denn passiert sei. Sofort sprangen vier oder fünf pflichteifrige Erklärer ein, die meinten, es wäre mir nicht zumutbar über den Unfallhergang zu sprechen. Dabei hätte ich es gewollt. Ich hätte mich gerne mit einer sachlichen Schilderung betäubt. Stattdessen schwirrten abstruse Vorstellungen durch meinen Kopf und endeten in der furchtbaren Vision, dass auch Autounfälle genetisch vererbbar seien.

Es war schon seltsam, als die Großeltern gestorben waren, alle. Für einige Wochen schienen sie alle vier über mir zu schweben und mal lasteten sie auf meinen Schultern, dann wieder hoben sie mich empor, wenn es galt eine besonders mühsame Stiege zu bewältigen. Als letzte starb die Großmutter, die Mutter meiner Mutter, mit einem Mal war eine komplette Generation verschwunden, die zuvor nur durch diesen einen Menschen noch mit dem Leben verknüpft war. Elvira hieß die Großmutter, sie hatte ihren Mann verlassen, ein ungewöhnliches Großmutterngeschick. Ich besuchte sie bis ins hohe Alter. Sie lebte an einem See und sagte mir, dass ich der einzige Mann sei, den sie um sich haben will. Aber da ich ja ihr Enkel sei, gelte ich ohnedies nicht als Mann (30 Jahre war ich da schon).
Und nun war es so, als würde ich bei einem Billetschalter stehen und die Reihe vor mir hätte sich ausgedünnt, die Frage hallte in einem sarkastisch-traurigen Tremolo wider, *der Nächste bitte?*

Ich befingerte die kahlen Zweige der Sträucher, befühlte den Boden, der trocken war und hart. Ich zählte die Rosen und als ich fertig war, wusste ich nichts anderes zu tun als ihnen Namen zu geben, sie als Stellvertreter der Verstorbenen einzusetzen. Bald würde ich mich Bücher durchblättern sehen, die von Standort und Pflege erzählten, von Luftzirkulation und Bewässerung. In diesem Garten würde jeder blühen, versprach ich mir und jenen Tränen, die die Wangen hinunterliefen, zu Boden fielen und diesen ein wenig weicher machten. Hier hast du einen Tropfen Hans und jetzt du Fritz. Elvira und Barbara werden sich aufrichten. Das Gelb steht dir gut,

meine Liebe. Dort ist noch ein Platz für alle, die ich nie kennen lernte, sie werden in Weiß auftreten, ihr Blatt ist unbeschrieben, unschuldig oder zumindest unbekannt ihr Vermächtnis. In der Mitte des Beets sollen sich Hermann und Charlotte ausbreiten, wo auch immer ich hinkomme, ich werde ihren Geruch an meinem Körper haben, man würde mich erkennen, wissen, woher ich komme ... die beiden müssten selbstredend rot strahlen. Und in jedem Jahr würden sie mehrmals blühen.
Später erklärte mir ein Fachmann, dass es Stammrosen sind.

Alexander Peer

Rendezvous mit dem Weltgeist* oder ein Abend zwischen Ratio und Fellatio

Groteske

1.

Ich sitze in einem Café dem Weltgeist gegenüber.
Wem passiert das schon?
Das heißt, ich stelle mir vor, er, sie oder es säße mir gegenüber. Wir wollen doch bei der Wahrheit bleiben. Würden wir gerne, würden wir, meine ich. Wie bei etwas bleiben, das sich einer Definition entzieht? Nun, vielleicht ist das der große Bonus der Ideen; keiner weiß so recht, was er sich darunter vorstellen soll, aber attraktiv ist die Sache allemal.
Der Weltgeist ist mehr als eine Idee. Er, sie oder es trinkt einen kleinen Braunen. Ist doch eine nette Vorstellung, oder? So anheimelnd.
Freilich erscheint es mir unmöglich, dass ein Wesen, das mich oder diese von mir hochgehaltene Tasse oder den flotten Schritt des Kellners oder das verzweifelte Flehen jenes graubärtigen Mannes neben mir, der einer jungen Frau anscheinend vergeblich ... aber was rede ich da, ich meine, es ist schlichtweg unlogisch, etwas, das *in allem besteht* oder gar um zum Paradoxon zu werden in *noch mehr*, sich so grundlos personifizieren könnte oder auch sollte, nur um mir Gesellschaft zu leisten. Gerade mir, gerade dieses Café. Der Weltgeist wüsste bestimmt, wo es eine bessere Melange gäbe.

Eines vorweg, der Weltgeist ist kein Allmächtiger. Das glaube ich zumindest. Er trinkt einen zweiten kleinen Braunen, der Herzschlag der Zivilisation beginnt zu rasen ... Oder hat er in seiner Allmacht dafür gesorgt, dass etliche von ihm kein Bewusstsein haben, so wie Gott den Teufel geschaffen hat, um sich in Frage zu stellen?
Die Vorstellung, mit dem Weltgeist in einem Café zu sitzen, muss der Weltgeist bereits beabsichtigt haben, so wie jede andere Vorstellung über ihn oder prinzipiell alles Seiende. Aber wie? Wie?
Ich stelle mir das Meer vor, das sich in gebirgigen Wellen bauscht und hin zum Horizont schon als Ozean gelten will und doch ist es nur ein Tropfen Wasser auf dem silbernen Tablett, auf welchem der Kaffee serviert wurde, oder ich denke mir ein Buch, das, klappte man es lautstark zu, alle Worte neu ordnen würde, die es in sich hat. So wäre das Lesen des Buches jedes Mal neu. Einmal Zuklappen und ein anderer Text würde sich offenbaren. Ich stelle mir die Begriffe vor, die, als wären sie Abgeordnete, um einen großen ovalen Tisch über den Stand der Welt beratschlagen. Die Delegation der Naturwissenschaften debattiert heftig über Basenmoleküle und eine Neuordnung der Elemente. Jeder Begriff wirft sich – so gut er kann – ins Geschehen. Ein tatsächlicher Tumult entsteht. Die Vertreter der darstellenden Kunst geben sich beschaulich. Die kleine Gruppe der Geisteswissenschaften versinkt im Kalauer; nicht jedoch ohne Esprit und Witz, wie ich anmerken will.

Ich stelle mir mich vor, wie ich in Monte ... nächtens aufschreckte und im Dunkeln tappte, denn einerseits war es stockfinster und andererseits war ich allein. Wo war meine Mutter? War ich schon wieder verlassen wie ehedem durch meinen Vater und wie später von so vielen. Ich war also allein. Im Dunkeln sind wir immer allein. Aber für ein Kind, welches ich war, zählen diese abgeklärten Sichtweisen wenig. Wo war also meine Mutter? Meine Mutter tankte ihr Auto auf und zu diesem Zweck war sie um zwei Uhr morgens in die nächstgelegene Ortschaft gefahren. Sie kam eine Stunde nach meinem Aufschrecken zu mir zurück. Eine Stunde, in der ich nicht wusste, dass sie nur tanken war. Eine Stunde, die mich auch dann, wenn ich gewusst hätte, dass sie bloß tanken gefahren war, nicht in Ruhe gelassen hätte. Diese eine Stunde der Verzweiflung möchte ich im übrigen in Rechnung gestellt wissen für die Verbrechen, die ich noch begehen werde. Verbrechen, die ganz allgemeiner Natur sind; ich werde Erwartungen enttäuschen, ich werde Menschen zu Tränen rühren, aber nicht, weil ich ein melancholisches Adagio von mir gebe, sondern weil ich Schürfwunden an ihren Seelen hinterlassen haben werde. Oder werde ich schuldig sein, weil ich sie nicht zu Tränen rühre?

Was haben mein Leid oder meine Verbrechen mit all dem zu tun? Mit dem Weltgeist zum Beispiel, der schon leicht unruhig werdend auf seinem Polster hin- und herrutscht und seine makellose Flanellhose aufscheuert. Der Weltgeist geht nach der Mode, muss man wissen. Aber, was haben meine Sorgen mit dem Weltgeist zu tun, frage ich ihn? Er deutet an, dass er zahlen will. Ich würde ihn gerne auf diese Legion von kleinen Braunen einladen, würde ich mir zuversichtlich antworten. Ich werde nicht zögern, diese Fragen zu stellen, die ich mir sowieso stelle. Zwar

habe ich in Bezug auf mich schon manch erschreckende, aber auch befreiende Aufdeckung vollziehen können, doch bleibt noch weiter genug Ungewisses an diesem Dasein haften. Der Weltgeist würde lapidar antworten und darauf hinweisen, dass er diese Verantwortung *an das Leben selbst* delegiert habe, und dass es nicht primär seine Sache sei. Nicht mehr.
Ich könnte meine Unklarheit in der Frage, *wer ich sei* subsumieren. Ich könnte auch fragen *wer sind ich*, weil ich denke, dass keiner einfach ist? Oder *wer bin wir*, um dann doch wieder die Kurve zu kratzen und Psychologie und Soziologie zur höheren Einheit zu führen?

Deprimierend ist es jedoch, dass während dieses einseitigen Gespräches mit dem Weltgeist, ja sogar während ich nur einen Satz überlege, der eine oder andere Mensch stirbt und für immer verloren zu sein scheint. Der eine wird vielleicht vor Schmerz sterben, der andere den Tod vor Schmerz ersehnen, mancher beiläufig, ein Glücklicher im Schlaf. Mir erschiene es als ungeheuerliche Unverschämtheit mit dem Weltgeist über das Leben zu reden und währenddessen würden einige dieses auf ewig verlieren. Das Leben scheint etwas bedrohlich Verschwenderisches zu haben. Selbst eine Audienz beim Weltgeist würde diese Hinfälligkeit alles Seienden nicht verändern. Keiner kann dieser Verschwendung entgehen. Aber vielleicht haben auch all die Verstorbenen ihr Gespräch mit dem Weltgeist gesucht. Wenn sie ihn schon nicht bei einem kleinen Braunen im Café angetroffen haben, dann vielleicht bei einer Würstelbude oder in einer U-Bahn-Station oder in einer Tiefe von 10.000 Meilen unter der Meeresoberfläche, womöglich in einem

Augenblick, in welchem der lebensspendende Luftschlauch barst und die Jahre des Daseins einem Sekunden-Countdown zum Nichts gleichkamen. Ja, vielleicht tritt der Weltgeist hauptsächlich dann auf, wenn es um ein finales Resümee geht, eine Art Tête-a-tête mit dem Widerfahrenen? Nun frage ich mich, ein leicht nervöses Zucken in meinen Schultern verspürend, warum mir der Weltgeist gegenübersitzt? Hören Sie, sagt der Weltgeist, diese Fragen hängen mir schon zum Hals heraus. Was glauben Sie, wie oft ich diese verdammten Fragen schon gehört habe!

Als ob das eine Antwort wäre. Nein, nein, so würde der Weltgeist nicht reden, schließlich ist er nicht irgendein vergammelter Verkäufer, der nur noch auf die Pension hofft. Ist er etwa einer jener unseligen Erfinder, die von der Ignoranz erschlagen ihre Innovation zu verdammen beginnen. Vielleicht. *Vielleicht*, ein gar gesellig Wort.

Es hätte keinen Sinn, ins Abstrakte zu gehen, würde ich mich dem Weltgeist zuraunen hören, säße er vor mir. Und es wäre wieder unsinnig, denn ohne ins Abstrakte zu gehen, wäre mir die Vorstellung, der Weltgeist säße vor mir, nicht möglich. Das Abstrakte fängt ja schon beim ersten Überlegen an, z.B. über den Duft, den man gerade wahrgenommen hat, den Anblick, der einem widerfuhr etc. Das Abstrakte ist unvermeidbar. Das Abstrakte ist nur die Entschlüsselung der Sinneseindrücke. Das Abstrakte macht die Erfahrung konkret. Abstraktion ist ja keine Hirnwichserei, sondern im Idealfall eine ungemein hilfsdienliche Benennung.

(Hier müsste ein philosophisches Amen stehen.)

2.

So schlürfe ich meinen Kaffee, dem Geschehen um mich herum seltsam entrückt, wenngleich ich den Eindruck habe, dass gar mancher in diesem Raum soeben ein Rendezvous mit dem Weltgeist hat; jeder auf seine Art, versteht sich. Plötzlich reißt mich ein Lärm aus meinem Sinnieren, die junge Begleiterin meines ältlichen Sitznachbarn springt auf, weist die Bemühungen seitens des Methusalem sie zu beruhigen barsch zurück und sagt mir direkt ins Gesicht: „Ich möchte mit Ihnen schlafen!"

Zweifellos bin ich der Angesprochene, denn als ich mich vergewissern will und den Raum hinter mir prüfe, sehe ich dort nur die Wand. Dann drehe ich mich wieder der Schnellentschlossenen zu, ein Erröten meiner Wangen ist unvermeidlich. Schließlich räuspere ich mich ein wenig, um beim Ringen nach Fassung einige Punkte gutgeschrieben zu bekommen. Es ist offensichtlich, dass sie mich braucht, um ihren Mann, oder ist es ihr Freund, zu demütigen und ihm zu zeigen, dass sie völlig selbstbestimmt lebt. Andererseits, es gibt schlimmere Arten, missbraucht zu werden ...
Ich will sie nicht in Zweifel ob ihres Wollens bringen und rufe gleich „Zahlen!".
Beim Weg zu mir nach Hause sprechen wir nichts. Das scheint mir naheliegend. Sie blickt sich kurz nach Verlassen des Cafés noch einmal um und prüft den Zustand ihres vormaligen Begleiters. Der sitzt steif auf seinem Platz und blättert sichtlich unentschlossen und erfolglos ein Magazin durch; keine der darin enthaltenen Storys kann sein aufgebrachtes Gemüt wohltuend okkupieren. Nach einer

halben Stunde sind wir bei mir. Ich bin mir sicher, sie wird das Groteske dieser Begebenheit so wahrnehmen wie ich und sich verabschieden. Immerhin habe ich mich jetzt dazu entschlossen, mich auf dieses Erlebnis zu freuen. Und Verhinderungen sind bekanntlich das schlimmste für Erwartungen.

Wortlos ziehen wir uns aus, streicheln uns mechanisch; es ist ein wenig kühl und nach einigen Augenblicken ... „Was tue ich da?“
Auch ich stelle mir diese Frage, im Gegensatz zu ihr spreche ich sie jedoch nicht aus. Sie steht auf, hüllt sich in ihr Gewand, wendet mir den Rücken zu. Dann zieht sie sich an und bittet mich, dass ich wegschaue. Ich liege wie der vollkommene Idiot im Bett. Sie entschuldigt sich ohne mich anzusehen und geht. Ich bin erleichtert, wieder allein zu sein. Allerdings hat nun das Schlafen mit einer Frau in meinem Bewusstsein einen ausgesprochen dominanten Platz bezogen und beansprucht immer mehr für sich. Der Weltgeist und seine Wesensart scheint mir in diesem Moment völlig gleichgültig. Ich eile wieder hinaus in die Stadt, die im Dunkeln liegt und deren Dunkelheit bald wieder zu dämmern anfangen wird. In einem Tanzlokal hoffe ich fündig zu werden. Tatsächlich ist es ein ausgesprochen widerwärtiges Etablissement. Man muss nicht mal auf die Toilette gehen, um zu einem Kondom zu gelangen.
Diese liegen nämlich in kleinen Bechern auf der Theke, als handelte es sich dabei um Knabbergebäck. Ich bin jedoch zu entschlossen, als mich von diesen Geschmacklosigkeiten abhalten zu lassen. Bald schon tanze ich neben einer Frau, die meinen rapide gesunkenen Ansprüchen

genügt und komme ihr näher, bis sich erregende Enge einstellt. Ich will nicht auf diese an sich banalen Ereignisse eingehen ... irgendwann an nämlichem Abend begleite ich sie zu ihr nach Hause und als ich, einen Martini trinkend, in ihrem Sofa zu sitzen komme, erlange ich ein solides Selbstbewusstsein, was die nähere Zukunft betrifft. Die nähere Zukunft ist sogar eine unmittelbare. Denn gleich stürmt sie in einem allzu deutlich freizügigen Seidenkostüm aus dem Badezimmer, in welchem sie kurz zuvor verschwunden war. Ich spüre ihre weiche Haut und einen angenehmen Geruch und während wir uns körperlich annähern, verschwindet mein Geist immer mehr. Die von manchen Boulevardmagazinen aufgeworfene Frage, woran Menschen beim Geschlechtsverkehr denken, kann nunmehr um eine weitere bereichert werden. Allerdings wäre es noch verfrüht, von diesem Akt zu sprechen ... und schließlich kommt es gar nicht dazu. Ich denke an den Weltgeist. Der Weltgeist sitzt mir gegenüber in einem kleinen Café und fragt „Was tue ich da?".

Weltgeist hin oder her, zu gewissen Zeiten ist die Schöpfung durchaus passabel, versucht mein ausgeprägtes und eigennütziges biologisches Bewusstsein seine Interessen zu vertreten. Bleibt damit allerdings erfolglos. Beschämenderweise gehe ich im Kopf die Einkaufsliste des kommenden Tages durch, überlege was ich Bernd zum Geburtstag schenken soll und höre den Weltgeist deutlich husten. Ich ziehe mich zurück, drehe mich um, hülle mich in mein Gewand, sehe sie nicht an. Seltsam, bislang erfüllte mich nichts so sehr wie die sinnliche Begegnung mit einer Frau mit der Gewissheit, dass meine Existenz berechtigt sei. Aber jetzt?!

Ich ziehe mich an, stehe auf, entschuldige mich und gehe. Sie ist zu perplex um etwas zu sagen. Als ich beim Café vorbeikomme, ist es dunkel. Doch inmitten dieser Dunkelheit ahne ich den Weltgeist, wie er umherirrt. Der Arme, wo doch die Mehlspeisen schon längst weggeräumt sind.

* Weltgeist: bei G. W. F. Hegel der absolute Geist, insofern er sich in der Weltgeschichte als objektiver Geist verwirklicht (bei J. G. Herder und Goethe eher als Inbegriff der alles belebenden Weltseele verstanden).

Epilog:
Verwirklicht sich etwas in der (oder in die) Weltgeschichte – noch dazu als objektiver Geist – wenn ein Mann und eine Frau miteinander schlafen? Ist die Objektivität dadurch gegeben, indem auf ein benutztes Kondom verwiesen werden kann? Wer oder was ist ein absoluter, wer oder was ein relativer Geist (jenseits des Absinths gesprochen, nicht in den Termini der spirituosen Prozentigkeit, sondern der spirituellen)? Wo beginnt die Weltgeschichte, mit der Eintagsfliege oder der Milchstraße? Oder mit einem Affen oder mit Cäsar? Oder mit einem Waschlappen oder der Mona Lisa von da Vinci?
Die Klassiker wie Herder und Goethe kommen natürlich immer mit stolzgeschwellter Brust daher und bezeichnen die Dinge gern großspurig. Doch auch bei ihnen müsste man bezüglich der belebenden Weltseele den Finger auf die Wunde legen. Bei Goethe hieße das dann etwa so: „Aha, wieder eine 17-Jährige!"

Erwin Uhrmann

Die Datschas

Wie ich in einer stürmischen und regnerischen Nacht
am Ufer des Trasimener Sees in Umbrien
in einem Zelt
am Ufer
gelegen bin
mit einer halben Bouteille schweren Rotweins im Magen

oder

als ich an einem eisigen Tag
- die Luft ist vor mir gestanden, als ich atmete -
durch die Gräberreihen
den Weg
durch einen Friedhof in Belgrad
abschritt

schweißgebadet von einer Festung
am toten Meer
einen sich durch Sand und über
Felsen schlängelnden Pfad herunterstieg
und als Mensch und trotzdem ähnlich einer
Ameise im versalzenen biblischen Wasser trieb

in leichten Schuhen zum Turm des
römischen Dichters Seneca auf
der Insel Korsika
wanderte
die Blätter im Gesicht
die Steinchen zwischen den Zehen

kleine Käferchen zerreibend
und den Geschmack von
Schaf- und Ziegenkäse im Bart

mit einer Frau
aus der Leichtigkeit feiner Haare und
donauwässriger Haut
von Klimt mit Hut, von Picasso mit Sternen,
von Basquiat in der Anatomie,
im vollen Kinosaal in der
vierten Reihe gesessen bin
und dann spontan ans Ufer mit ihr fuhr und badete
die Umrisse im Finsteren
ins Wasser stieg
bis wir im selben Strom kurz fröstelten und dann
wie Frösche schwammen

mit einer anderen
bei kroatischem Rakija, kalifornischem Rotwein und
italienischen Oliven
einen Abend lang
bosnischen Rap
russischen Hip Hop
serbische Rockmusik und
mazedonische Folklore hörte
und mir übersetzen ließ
Lieder von solchen, die nach dem
Krieg aufgaben und sich heimgekehrt in einer Bar eine
Kugel in den Kopf jagten und
solchen, die mit einer schwangeren Frau und einem Haus
einer Arbeit in der Losigkeit des Friedens nachgingen

wieder eine andere
zu den Schritten des
argentinischen Tango führte
meine Füße beim „Gancho“ durch ihren Rock hob
ihren Blick geradeaus und rechts und links
in der Eleganz des Tanzes dirigierte

mit einer Zigarette in der einen,
einer wissenschaftlichen Geste in der anderen Hand
im Café Anno gesessen bin
und von Israel, den Kibbutzim,
von Bildern aus Brasilien und
den Menschen in Belgrad sprach

mit anderen über Politik
in einem Plenum diskutierte
und wir alles ändern wollten
und Aktionen überlegten

als wir mit Gläsern uns zuprosteten und
zu Ska griechische Tänze sprangen
später den Boden schwingend traten

wie ich unverlässlich doch dort ankam,
wo ich hin wollte

in Brasilien, in San Francisco,
in Belgrad und in Tel Aviv,
in Kopenhagen, Tallinn, Riga, London, Siena und
Moskau

wie wir mit einem Taxi zu einer Datscha fuhren
zwischen Shashlik und
Sauna drei Flaschen Wodka tranken
und wie im Wilden Westen
Feuer machten
sangen, Lieder, die sich erst lockern,
wenn unser Gehirn
eine in Gang kommende Waschmaschine wird

wie ich auf einem Boot mit einer Frau sprach
nur weil die Nacht lau war
nur weil ich sie mochte
während die Luft von der Donau auf- und abzog

wie ich in schlechtem Gewissen lebe
einen du aus der Vergangenheit
in einer Rauchdunstwolke sehe

es war 1978, in dem Jahr, als ich geboren wurde,
es war in Rom, auf der Insel Korsika,
in Brasilien war es
in Ungarn
in der Bucht von Danzig, wo ich herkomme
und wo ich hingehe
am Strand der Ostsee
wo der Sand so fein ist, dass er überall durchdringt und
nirgends kleben bleibt
sogar durch die Haut
und wo ich traurig bis ins Tiefste war
weil ich auf einem Hof lebte
mit Pferden und Kutschen
und Nachbarn in Wohlwollen

bevor der Krieg ihrer Kindheit ausbrach
im Körper meiner Großmama, die damals noch Kind war
und in der Nacht durstig in ihrem Zimmer lag
bevor sie mit ihrem Bruder im Arm floh

als ich in einem länglichen Gang ein grünstichiges Bild von
zweien machte, die sich immer wieder trennen und
immer wieder zusammen kommen würden

mit einem Mann, der im Krieg Menschen zum Töten
brachte
und einer Hand voll Freunden ein Bild vor seinen
Schwertern und Orden machte
auch das ist das Leben
und

wie ich eine Bonbonniere mit
zwei
Dunkelhaarigen und
einer verlorenen Seele in einem Zug
teilte,
der von Moskau weit in den Osten eilte
durch die Steppe
Tee aus dem Samowar trank
mit der dicken Schaffnerin
Worte wechselte
und wir uns Spitznamen gaben
wie ich in einer orthodoxen Kirche
für meinen Freund in Indien betete
und eine Kerze für ihn anzündete

und wie ich mit einer ganzen Fußballmannschaft
in Mexiko
zwischen Fußballplatz und Urinierecken
ein paar Dosen Bier trank
mit schweren Sonnenbrillen im Gesicht
und einem T-Shirt
aus Baumwolle, das von
Arbeiterinnen in Sri Lanka unter unmenschlichen
Bedingungen
hergestellt worden war

wie wir alle zu Weihnachten
am heiligen Abend
nach dem zweiten Joint
schlafen gingen
so tief wie das verrückte Leben
und der helle Tod sind
schliefen
ohne Wälzen und Strampeln

wie ich am See Genezareth
am Morgen mit meinem
türkischen Studienkollegen im Arm
den Blick auf den See gerichtet
– das Ufer von Tiberias in der Ferne –
aufgewacht bin

und er uns später, nachdem wir einen Checkpoint
passiert und eine Vorwarnung der Militärs dem Wind
überantwortet haben, versprochen hat
uns zu beschützen

als Männer in blauen Uniformen und bewaffnet
in Jericho auftauchten
und unser Wagen feststeckte
und er uns beschützt hätte,
wenn wir nicht durch ein Loch geschlüpft und
entkommen wären

als ich in der Hotelbar
draußen am Rand der Stadt Tallinn
neben dem Meer
mit einer Frau
den vorletzten und den letzten Tanz tanzte

und mein dänischer Freund mit einer
Krabbe vom Meer gekommen ist
heraufgetaucht
aus dem kalten Wasser
und wir nicht mehr weg, alle
einfach immer zusammen bleiben wollten
wie Menschen eben so sind
die sich irgendwann verlieren müssen

wie du gesagt hast, einer von euch und vielen
diesen Satz: was hat das Leben für einen Sinn, wenn wir uns
nicht einmal 0,1 Prozent von allem in Erinnerung
behalten können

deshalb machen wir Filme, das Leben in ihnen ist perfekt
dachte ich
aber es ist nicht das Leben, sondern nur eine Vorstellung
davon

und denke an Brasilien, an die Bucht von Danzig

den Nachmittag in Melnik
im Weinkeller und den fast versäumten Bus
die Tränen, die ich in Terezin nicht zurückhalten hätte
brauchen

die Zeit in Brüssel
im Haus von Rodin
und das „Wild Geese" mit den Menschen aus ganz
Europa

und dass ich euch alle fast verloren habe
und hoffe, euch wieder zu treffen

denn, hab ich euch gesagt
dass ich immer neugierig bin
immer neugierig sein werde

dann kann ich beruhigt im letzten Sommer
in der Alten Donau mit Euch baden
eine Reise nach Belgrad planen
San Francisco als Ableger einer Rückkehr bewahren

die Datschas meines Lebens immer wieder aufsuchen
und die Menschen
in den Datschas will
ich immer wieder finden
ich hoffe, ihr werdet
da sein

Alexander Peer

geb. am 2.8.1971 in Salzburg Stadt

Seit dem 17ten Jahr schreibend lebend.

- Veröffentlichungen in Literaturzeitschriften und Anthologien
- Zahlreiche *Lesungen* in Österreich, Deutschland und Italien (u.a. „Alte Schmiede", Literaturhaus Salzburg, WUK, Brixen-Kulturzentrum)
- Hörfunk-Sendungen: u.a. *„TEXTE"* am 11. März 2002
- Mitglied der Salzburger Autorengruppe (SAG) seit Juni 2001.
- Gründer des Kulturvereins ARTISCHOCK

Preise:

Poetry Slam 2000, veranstaltet u.a. vom Droschl Verlag (2. Preis) für Ausschnitt aus der Erzählung „... dem Traum vorangereiht"

Literatursalon „going public" 2000, veranstaltet u.a. vom Café Stein und Zeitschrift „wespennest" (1. Preis) für den essayistischen kurzen Prosatext „Der Schrei und das Schreiben"

Prosapreis „Brixen/Hall" 2001, veranstaltet vom Kreis Südtiroler Autorinnen und Autoren im Südtiroler Künstlerbund (3. Preis) für die Novelle „Das Land unter ihnen"

Als Journalist seit 1994 tätig. Schwerpunkte bilden Länder-, Personen- und Firmenporträts, längere Reportagen sowie Medizin-Journalismus

www.peerfact.at

Erwin Uhrmann

wurde 1978 geboren und wuchs in Ober- und Niederösterreich auf. Studierte in Wien Kommunikationswissenschaft und Politikwissenschaft. Mitglied der LiteratInnengruppe black ink. Gründer des Kulturvereins ARTISCHOCK. Zusammenarbeit mit KünstlerInnen verschiedener Sparten in den Bereichen Performance und Film.

Mitbegründer des KünstlerInnenvernetzungszentrums „Die Kunstwerft“ und der Filmgruppe „Ostwind“. Zahlreiche Lesungen in Wien, Niederösterreich und Oberösterreich. Mehrere Reisen in das Baltikum, nach Südosteuropa und nach Russland.